KB262931

獨立血史

第 一 卷
第 二 卷　合本

서울　大韓文化情報社　發行

死節光荣

李承晚

序　文

섬나라 日本의 大陸 侵略의 野慾은 至今으로부터 三百餘年前의 壬辰倭亂으로 드러났던 것이었으나 그 當時 忠武公과 같은 護國 名將과 四溟堂 같은 愛國 高僧이 敵을 막아 싸운 까닭에 倭敵은 뜻을 이루지 못하였고 東洋의 平和는 維持될수 있었던 것이었다.

그러다가 近世에 이르려 다시금 大陸을 侵犯하기 시작한 帝國主義 日本은 마침내 國恥民辱의 乙巳條約을 우리에게 强要하였고 드디어는 三千里 疆土를 송두리채 倂合하고 말았던 것이다. 其後三十六年間 野蠻的인 植民政策의 桎梏 밑에서 우리 겨레가 겪은 뼈 아픈 受難의 歷史는 돌이켜 생각만 하여도 痛憤을 禁할 수 없다.

그 동안 우리 民族 固有의 花郎精神과 壬亂 克服의 愛國 精神을 繼承한 우리의 先烈들은 毅然히 敵과 對決하여 獨立主權을 싸워 찾으려 하였고 民主友邦의 人類 正義를 爲한 鬪爭이 또한 우리를 도운바있어 마침내 日帝는 屈服하고 우리는 八·一五의 祖國 解放의 기쁨을 가지게 되었던 것이다.

그러나 그後 十年을 經過한 오늘날 敗亡의 구렁에서 다시 일어선 日本은 우리가 願하는 바 우리의 善隣이 되지 못하고, 軍國日帝의 殘滓들이 아직도 大陸 侵略의 단꿈을 버리지 못하여 새로운 侵略으로 平和를 破壞하려는 妖氣를 피우고 있는 것이다. 이러한 軍國日帝殘滓의 再蠢動을 볼때, 우리는 共産侵略을 擊滅하는 것에 못지 않게 그들의 不遜한 態度에 對한 不折한 警戒가 있어야 할것이다.

이러한 時局에 비추어 「獨立血史」가 刊行되었음은 크게 意義가 있다 할것이니, 그것은 獨立 先烈의 英靈 遺芳을 우럴어 받드는 同時에 先烈께서 行한바를 그대로 우리의 龜鑑을 삼으려 하는 까닭이다. 「獨立血史」의 內容이 되어있는 忠武公 以下 乙巳條約以來의 殉義寃魂 三十二 先烈의 遺影 遺筆 遺品, 當時의 新聞 轉寫 等은 우리 國民이 언제나 座右에 配置할 愛國 圖鑑이므로,

누구나 備置하여, 피로써 싸워 찾은 獨立이 얼마나 高貴한 것인가를 銘心할 수있게 되기를 바라 마지 아니한다.

檀紀4289年　3月

文敎部長官　李　瑄　根

刊 行 同 人 의 말

壬辰倭亂을 물리친 뒤로 三百餘年間 잠잠하던 宿敵이 近世에 이르러서 乙巳條約으로 또 다시 우리祖國을 侵略하였다. 그 乙巳條約以後로부터 八·一五解放에 이르기까지 이疆土의 主權을 光復하려고 敵과 싸우다가 千古不滅의 功勳을 남기고 昇華한 先烈들의 遺芳을 追慕慰靈하고자, 그분들의 生存時의 遺影 遺品 遺筆을 收錄 謹製한 것이 이 "獨立血史"의 內容이다.

그리하여 이 忠國先烈들의 偉勳을 우리子孫萬代에 傳하고 民族永遠의 座右銘이 되도록 하려는 것이 이冊 刊行의 敬虔한 目的이다.

여러 先烈들 가운데서 敵의 橫暴를 痛憤한 나머지 스스로 一命을 끊으신 분들과, 敵에게 捕虜가 되어 死刑을 當하신 분들과, 또 敵의 獄中에서 寃魂이 되신 분들과, 國外 國內에서 돌아가신 분들이 各各 계신데, 收錄順序는 殉國年代順으로 하기로 하였다.

이 "獨立血史"의 刊行을 뜻하고 資料蒐集에 着手한 것이 檀紀四二八一年 五·十選擧가 끝난 直後이었다. 우리 同人이 손을 나누어 寫眞한장을 求하는데도 南韓의 坊坊谷谷을 歷訪하면서 數個月을 要하는 苦衷을 甘受하였다. 그리고 그 求한 희미해진 寫眞을 原型대로 鮮明히 再生시키는데도 國內의 最高技術陣을 動員하여 修正하였고, 優秀하다는 寫眞館을 數없이 돌아다니며 몇번이고 다시 뜨는데 忍耐를 아끼지 않았다. 가장 힘든 것은 三·四十年이나 묵은 헌新聞의 잔活字와 낡은 寫眞의 複寫過程이었다.

그리고 어떤 寫眞한장을 求하려고는 上海까지도 海外出張을 하였다. 費用만 쓰면 上海로 갈 수 있었으나 무슨 手段으로도 갈 수 없는 딴세상이 있었으니 그것이 바로 三八線을 咫尺에 隔한 以北의 땅이었다. 우리同人은 이冊의 資料를 求하면서 또 祖國疆土의 分裂을 悲嘆하지 않을 수 없었다. 以北出身의 先烈들의 故魂이 어찌 想像하였던 恨事리오.

苦心談을 비친 것은 同人의 자랑이 아니요, 앞으로 이刊行事業이 進行되는 동안 同人의 忍耐와 勇氣를 自勵하고 江湖同志의 聲援을 바라는 意味에서이다.

이처럼 애써서 모은 先烈의 貴重한 資料요, 여러 畵家 寫眞師의 至誠으로 修正한 보람을 더욱 살리기 위하여, 印刷에 있어서도 最高의 施設과 技術을 動員하였으나 겨우 이 程度밖에 되지 못한것을 遺憾으로 여긴다. 初版을 내여 各界諸位의 高評을 받은 뒤에 될수 있으면 美國같은데라도 가서 印刷해을 豫定도 하고있다.

　　　　檀紀四二八二年　五月

刊 行 同 人　一 同

＊＊＊＊＊＊＊＊＊＊＊＊
一·二卷　合本重刊의　말
＊＊＊＊＊＊＊＊＊＊＊＊

本 "獨立血史"는 檀紀四二八二年 六月에 第一卷이 刊行되였고, 翌八三年 四月에 第二卷이 刊行돼였을 때에, 同人들의 微意가 보람있어 同胞有志의 聲援을 얻었다. 그리고 大量頒布의 計劃을 着着進行中, 뜻하지 않은 六·二五의 慘亂을 당하여 不得己 中斷되고 오늘에 이르렀다.

六·二五慘亂으로 말미암아 莫大한 費用과 精力을 기우린 모든 印刷原版은 烏有로 돌아갔다. 또 中心同人이던 朴永郎同志도 마참내 以北으로 拉致된채 아직도 生死의 消息조차 묘연하다. 이제 重版刊行에 臨하여 同志의 回想이 더욱 간절하다.

本 "獨立血史"의 重刊이 切實히 要請되는 이機會에 우리는 刊行陣營을 再備하고 一·二卷을 合本으로 謹製하여 初志에 答하려고 한다. 이번 重刊에 있어서는 先烈寶鑑에 부끄럽지 않도록, 用紙와 製本도 前版보다 훨씬 豪華롭게 장식하여 그야말로 永久保存의 寶帙이 되도록 정성을 다하려고 한다.

　　　　檀紀四二八九年　三月

刊 行 同 人　一 同

차 례 〔第一卷〕

차례는 一切 殉國年代順으로하였다, 그리고 新聞記事는 全部 그대의 그대로를 寫眞으로 轉寫한 것이다

차 례 〔第二卷〕

忠武公 李舜臣將軍 略傳
****

李朝 仁宗元年乙巳（三八七八年）三月初八日子時에 漢城 乾川洞에서 나다.

二十二歲 明宗二十二年丙寅（三八九九年）十月에 비로소 武藝를 배우다.

二十八歲 宣祖五年壬申（三九〇五年）八月에 訓練院別科에 나가다.

三十二歲 宣祖九年丙子（三九〇九年）二月에 式年 武科에 뽑히다. 十二月에 咸鏡道 童仇非權管이 되다.

三十五歲 宣祖十二年己卯（三九一二年）二月에 瓜滿으로 돌아와 訓練院奉事가 되다. 十月에 忠淸兵使의 軍官이 되다.

三十六歲 宣祖十三年庚辰（三九一三年）七月에 鉢浦水軍萬戶가 되다.

三十八歲 宣祖十五年壬午（三九一五年）正月에 讒訴를받아 罷職. 五月에 叙命이 있어 訓練院奉事가 되다.

三十九歲 宣祖十六年癸未（三九一六年）七月에 南兵使 李戩의 軍官이 되다. 十月에 乾原堡權管이 되다. 十一月에 訓練院仕滿으로 參軍이 되다. 그달 十五日에 遭外艱.

四十二歲 宣祖十九年丙戌（三九一九年）正月에 終喪하자 곧 司僕寺主簿를除授받다. 열엿새 지나 造山萬戶가 되다.

四十三歲 宣祖二十年丁亥（三九二〇年）八月에 鹿屯島屯田官을 兼하다. 兵使 李鎰의 誣告로하여 罷職당하고 白衣從軍의 命을 받다.

四十四歲 宣祖二十一年戊子（三九二一年）閏六月에 歸家. 朝廷이 不次擢用할 武弁을 薦擧하매 둘째에 들다.

四十五歲 宣祖二十二年己丑（三九二二年）二月에 全羅巡察使 李洸의 軍官이 되다. 十一月에 武臣兼宣傳官이 되다. 十二月에 井邑縣監이 되다.

四十六歲 宣祖二十三年庚寅（三九二三年）七月에 高沙里僉使를 除拜하였으나 臺言으로因하여 仍任. 八月에 折衝将軍 滿浦僉使를除拜하였으나 亦是 臺言으로因하여仍任.

四十七歲 宣祖二十四年辛卯（三九二四年）二月에 珍島郡守를 除拜. 미처 赴任하기 前에 加里浦僉使를 除拜. 또 미처 赴任하기 前에 全羅左道水軍節度使로 擢拜되다. 左議政 柳成龍의 奏薦에 依한것이다. 赴任하며 곧 龜船을 發明하다.

四十八歲 宣祖二十五年壬辰（三九二五年）四月十六日에 倭賊이 釜山을 陷沒하였다 듣고, 諸將을 本營에 모아, 나아가 討賊할 일을 議論하다.

玉浦海戰（五月初七日）倭船三十餘隻擊破. 嘉善으로 陞職.

泗川海戰（五月二十九日）倭船十三隻擊破. 唐浦海戰（六月初二日）倭船二十餘隻擊破.

唐項浦海戰（六月初五日）倭船一百餘隻擊破. 資憲으로 陞職.

閑山大海戰（七月初八日）倭船七十餘隻擊破. 正憲으로 陞職.

安骨浦海戰（七月初九日）倭船四十二隻擊破. 釜山海戰（九月初一日）倭船百餘隻擊破.

四十九歲 宣祖二十六年癸巳（三九二六年）八月에 兼三道水軍統制使가 되다.

五十三歲 宣祖三十年丁酉（三九三〇年）二月에 讒訴로말미아마 拿命이내리다. 二月二十六日 길에오르다. 三月初四日 圓門게들다. 十二日에供狀. 四月初一日에 赦가내려 白衣從軍. 十一日에 遭內艱. 元均의 戰死한뒤를받아 八月初三日 다시三道水軍統制使가되다.

鳴梁大海戰（九月初七日）戰船十三隻으로 倭船三百三十餘隻을 맞아싸워 모조리 물리치고 그中 三十餘隻을 擊破.

五十四歲 宣祖三十一年戊戌（三九三一年）七月에 明水軍都督 陳璘이 水兵五千을 거느리고 오다.

露梁海戰（十一月十九日）倭賊을 쳐 깨치고 公도 敵彈에 쓰러지다.

獻　詞

（忠武公　李舜臣將軍의　遺芳을

　세상도　새로　밝은　仁宗元年
　복사꽃　곱게　피는　서울　春三月
　밤중에　龍나르는　무지개　서고
　아아　萬古名將의　우렁찬　産聲

　한줄기　忠誠인　青春의　피로
　武藝의　칼춤　추는　軍歌　興에도
　草木이　넋을　잃고　단풍으로　붉어서
　"一揮掃蕩　血染山河"　劍銘그대로

　나라의　부름으로　목숨　바칠때　오면
　戎衣로나　白衣로나　水火를　不辭
　軍職의　몸으로나　冤囚의　몸으로나
　一片丹心　全魂으로　敵과　싸우다

　檀紀三九二五年,　四十七歲때
　그　科學神術로　護國의　鐵甲을　찌운
　世界最初의　軍艦　거북船의　위엄으로
　七大洋의　木軍船을　홀로　비웃다
　將軍이　四十八歲,　壬辰四月에
　南海平和에　宿怨의　激浪이　일고
　强侵倭軍이　祖國의　땅을　더럽히자
　閑山島바다　달빛에　술잔을　뿌렸도다

　將軍은　넌짓　웃으며　거북을　타고
　必勝의　軍號조차　휘파람으로　불면
　허허,　怒鯨이　새우떼　무찌르　듯이
　千百의　倭軍船을　모조리　水葬으로

　壬辰倭亂　七年後　五十四歲때
　露梁海戰에서　또　倭敵을　물리쳤으나
　아아　公도　또한　敵彈에　忠死했으매
　忠武公의　偉勳은　大洋의　千秋明月이로다

壬辰五月初一日　舟師諸會前洋　是日　陰而不雨　南風大吹　坐鎮海樓　招防踏僉使（李純信）
與陽倅（裵興立）　鹿島萬戶（宋汝悰）　則皆憤激忘身　可謂義士也。
初二日　晴　兼三道巡邊使關及　右水使（元均）關到　宋漢連自南海還　言曰　南海倅（奇孝謹）　彌助項
僉使（金勝龍）　尙州浦　曲浦　平山浦（金축）等　一聞聲息　輒已逃潰　使其軍器等物　盡散無餘
云　可愕愕　午時乘船　下海結陣　與諸將約束　則皆有樂赴之志　而樂安（申호）則似有
避意　可嘆　然自有軍法　雖欲退避　其可得乎　夕防踏疊入船三隻　回泊前洋　備
邊司三丈到村　昌平縣令到任公狀來呈　夕軍號龍虎．伏兵則山水。

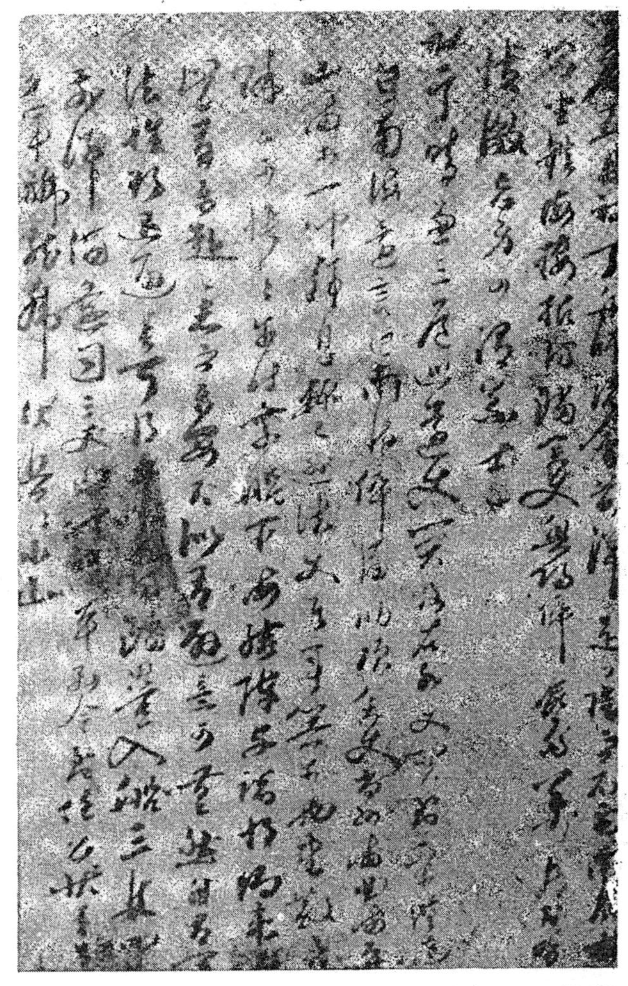

忠武公의 筆蹟

解說 將軍의　亂中日記는　全卷을通하여　위의　筆蹟과같이　精練暢達한　草書로
써　詳細하게　記錄되어있다. 이것은　그　日記의한토막이다.

壬辰五月初一日　舟師가　모다　麗水　앞　바다에모이다. 이날　날은　흐리나　비
는오지　않고　南風이　크게분다. 鎮海樓에　앉아　防踏僉使　興陽倅　鹿島萬戶를
부르다. 모다　憤激하여　제　몸을　잊으니　可히　義士라　이르리로다.
初二日　晴. 兼三道巡邊使의　關文과　右水使의　關文이이르다. 宋漢連이　南海로
부터　돌아와　말하되, 南海倅　彌助項僉使　尙州浦　曲浦　平山浦의무리가　한번
所聞을　듣자　그대로　逃亡하여. 그　軍器等物을　모조리　흩어버리고　남기지않
았다한다. 놀라운　일일다. 午時에　배　타고　바다로　나가　結陣. 장수들로더부
러　約束하니　모다　즐겨　나갈　뜻이　있으되, 樂安만은　아마도　避할생각을　먹
는듯　싶다. 딱한　일이다. 그러나　軍法이　있는터에　비록　물러나　避하려하되
될번이나한　일이겠느냐. 저녁에　防踏疊入船三隻　앞바다에同泊. 備邊司의　三丈
이　到村. 昌平縣令의　到任公狀을　來呈. 저녁에　軍號는　龍虎. 伏兵은　山水.

1 5

嗚呼 茲何等時 而綱欲去耶 去又何之邪 夫人臣事君有死無貳 當是時也
宗社之危 僅如一髮之引千鈞 茲正人臣捐 軀報國之秋 去之之言 固不可
萌諸心 況 敢出諸口耶 然則爲綱計奈何 毀 形泣血 披肝瀝膽 明言事勢
至此 無可和之理 言既不從 繼之以死又不然 姑 從其計 身豫其間 爲
之委曲彌縫 死中求生 萬一或有可濟之理 綱計不出此 而 欲求去 茲置 爲
人臣委身事君之義哉

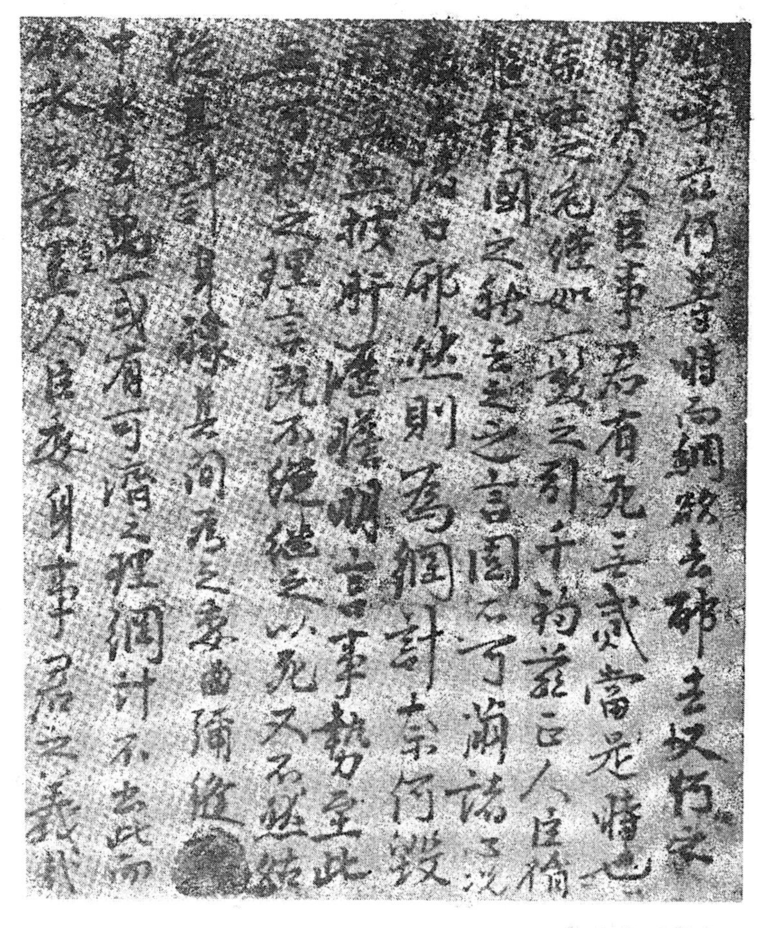

忠武公의 筆蹟

解說 이글은 將軍이陣中에서 宋史李綱傳을읽고 그所感을 日記끝에記錄한것인
데 勿論眞筆이다. 知遇推薦에힘쓴 西厓柳成龍을생각하고 그를 李綱에 比해서
(柳成龍이 左議政때 그의推薦으로 將軍은 全羅左道水軍節度使로 擢拜되었다.)
出處進退의 어려움을推察한 將軍의切切한情懷를 생각해보라.

　슬프다. 이 어떠한 때이관대 綱은 가려하는고. 가면 또 어디로 가겠는고.
　대저 신하된 재 임금을섬기매 오직 죽엄이 있을뿐이라. 이때를 당하여 宗
社의 위태로움이 터럭 하나로 천근무게를 끄는것과 같아, 이 바야흐로 신
하된자가 몸을버려 나라에 보답하는때라, 떠나겠다는 말을 마음에만 품어도
옳지 않겠거늘 항차 감히 입밖에 낼것이랴.
　그러면 綱은 어찌하여야 옳을고. 몸을헐고 피눈물 뿌리며 진정을 그대로
쏠아, 事勢가 이에 이르러서는 강화할도리가 없음을 밝히 말할것이요, 말이
좋아지지 않으면 죽을 따름이라.
　또 그렇지않고, 아직 그 계교를 좇아서 몸을 그새에 두고 백방으로주선
하여 죽엄 가운데 삶을 구한다면, 만에 하나라도 혹시 견결도리가 있을것
이어늘, 綱이 이러한 도리를 차리려안하고 오직 가버려고만하니, 어찌 신
하된 자의 몸을 맡기어 임금을 섬기는 의리겠느냐

忠武公의 肖像과 거북선

公　愛用의칼
작대　亂中日記草　壬辰狀草

四溟堂 松雲大師 略傳

*********************** 申 奭 鎬

大師는 본디 慶尙道密陽사람으로 俗姓은 豊川任氏, 이름은 惟政 字는 離幻 號는 四溟堂 或은 松雲이라 하였다.

中宗三十九年(三八七七年)에 出生하여 처음에 鄕里에서 漢學을 공부하다가, 十三歲때에 俗學의 더러움을깨달고, 黃嶽山 直指寺(金泉郡)에들어가 중이되어 禪學을공부하였다.

當時 奉恩寺住持 普雨가 明宗의 어머니 文正王后를 움직여, 燕山君以來 七十餘年間 廢止하였던 禪 敎 兩宗과 禪科를 復活하여 크게 佛敎를 일으켰으므로, 중의待遇가 매우 좋았을뿐아니라, 大師는 詩文을 잘 지었기때문에 明宗十六年에 禪科에及第하고, 當代의 一流文士 思菴朴淳 鵝溪李山海 霽峰高敬命 荷谷許篈 白湖林悌 蓀谷李達等과 交遊하여 少年學僧으로서 이름이 매우 높이났었다.

그러나 明宗末年에 文定王后가 도라간뒤, 佛敎가 國家의保護를 받지못하게되자 平安道 妙香山에 들어가 三年間 西山大師 休靜의 門下에서 修行하고, 或은 金剛山 或은 五臺山 或은 太白山에 居住하였다.

宣祖二十五年(三九二五年)에 壬辰倭亂이 일어났을때 大師는 金剛山 楡帖寺住持로 있었다. 當時 朝鮮사람은 누구나 다 義憤을 참지못하였거니와, 特히 그 스승 西山大師가 八十老軀를 무릅쓰고 全國僧侶에게 檄文을날려 僧兵을募集하게되자, 大師도 또한 일어나 僧兵數千名을 모아가지고 平安道로가서 이름해正月에 明將 李如松과 힘을合하여 平壤城을 回復하였으며, 그뒤 都元帥 權慄을따라 慶尙道로 나려와 宜寧에 駐屯하면서 여러번 戰功을 세웠을뿐아니라, 明將 沈惟敬이 倭將 小西行長과 和議를 交涉할때, 或은 西生浦 或은 蔚山에있는 敵陣中에 들어가 세번이나 加藤淸正과 會見하고, 倭軍이 提示한 平和條件의 不當性을 指摘하였다.

倭軍이 提示한 平和條件中 朝鮮의四道를 日本에 割讓할것과, 朝鮮의 王子 大臣을 日本에 入質시킬것等 數條는 우리가 到底히 容認할수없는 것이므로, 大師는 危險을 무릅쓰고 壬辰倭亂中 敵陣中에 들어가 淸正과 論戰하고, 丁酉倭亂 當時에 또 西生浦에 들어가 淸正과 會見하고 다시 그 不當性을 強調하였다.

그러나 淸正이 終始 제意見을 固執하므로 大師는 할수없이 돌아와, 宣祖께 上疏하여 倭人과는 講和할수없고 오즉 싸움이 있을뿐이라는 것을 力說하였다.

이것으로써 그의 國家에對한 忠誠을 짐작할수 있는 것이다. 七年間이나 繼續하던 倭亂도 戰犯의首魁 豊臣秀吉의 죽엄으로 因하여 幕을닫게되고, 秀吉의 뒤를이어 日本을統一한 德川家康이 對馬島主 宗義智를 通하여 우리나라에 平和를 交涉하여왔었다. 우리는 倭人의 狡詐함을 알고, 처음에 이에應하지 아니하였으나, 數年間 倭人이 懇請하여 마지아니하므로, 宣祖三十七年(三九三七年)에 日本의 國情을 探査하기 爲하여 使節을 對馬島에 派遣하기로 하였는데, 이때 使節로 뽑힌이가 또한 大師였었다. 大師는 錄事 孫文彧을 데리고 對馬島에 건너가 日本의 國情을 調査하고, 거기서 德川家康의 招請을 받아 京都까지 들어가 家康과 會見하고, 두 나라가 옛날과같이 平和스럽게 交通할것을 約束하고 被虜人 三千餘名을 받아가지고 돌아왔다. 爾後 우리나라가 三百餘年間 德川幕府와 서로 平和를 繼續한것은, 大師의 힘이 많았다고 하지아니할수 없는것이다.

그뒤 大師는 伽倻山 海印寺에 居住하다가 光海君二年(三九四三年) 八月에 六十七歲를 一期로 入寂하였다. (筆者는 國立國史館長兼文敎部編修局長)

(四溟堂書狀譯文계속)近來 모든일이 前日로써 藥論하기 어려운 것이있노라. 이사람의 의견은 仙巢上人(僧玄蘇)과 豊前守(柳川景直)에게 드린 글가운데 소상히있으니 부디 足下는 깊이살피라.

老病의기약이 朝夕에있어 이생에서는 다시만날인연을 점치기 어려울듯, 글에임하여 탄식하노라. 남은더위가 점점 문더가는 이즈음 千萬保重하기 바라며 이만추리노라.

萬曆三十八年 七月初十日 松雲大師

【編者附記】이 편지는 萬曆三十八年 即 光海君二年(三九四三年 西紀一六一〇年)七月에 對馬島主 宗義智에게 보낸것인데, 原本을 日本 宗伯爵家에서 秘藏해 두었었다. 大師는 이 편지를 보내고 그 다음달 八月에 世上을 떠났다.

獻　　詞

（四溟堂　松雲大師의　讚芳을　追慕하여）

어려서부터　어진　총명은
腐儒의　俗學에　코　풀어　하직하고
黃嶽山　禪寺에서　세상을　내려　보며
仙鶴과　더불어　雲水間에　悠遊하다

少年學僧의　놀라운　글재주는
碩儒　栗谷과도　詩文을　和韻하고
西山大師의　높은　門下生으로
天下名山에　두루　法燈밝혀　修道하다

壬辰倭僧으로　祖國이　위태롭자
金剛山에서　모은　僧兵이　無慮數千名
平壤奪還에서　보인　神兵用法에
援將　李如松도　혀를　말고　놀라다

忠武公　偉力에　海戰이　慘敗하고
侵略의　元凶　豐臣이　病死하자
倭將淸正은　奸計의　和議를　청했으나
軍使로　간　大師는　堂堂히　降服을　主張

豐臣의　뒤를　이은　德川幕府가
또다시　禮를　갖추어　和를　청하자
大師는　敵都　京都에서　國威를　떨치면서
三百餘年의　平和의　맹세를　받고　오다

나라　위해서　敵과　싸울　때에는
袈裟도　戎衣로　가라　입고
송낙도　투구로　바꾸어　쓰고
錫杖도　長槍으로　비루는　그愛國心

나라　위해서　敵과도　和할　때에는
信義와　包容으로　感服시키는　雅量이여
大師가　入寂하자　그의　德을　追慕하여
對馬島의　太守도　슬피　조상하리라

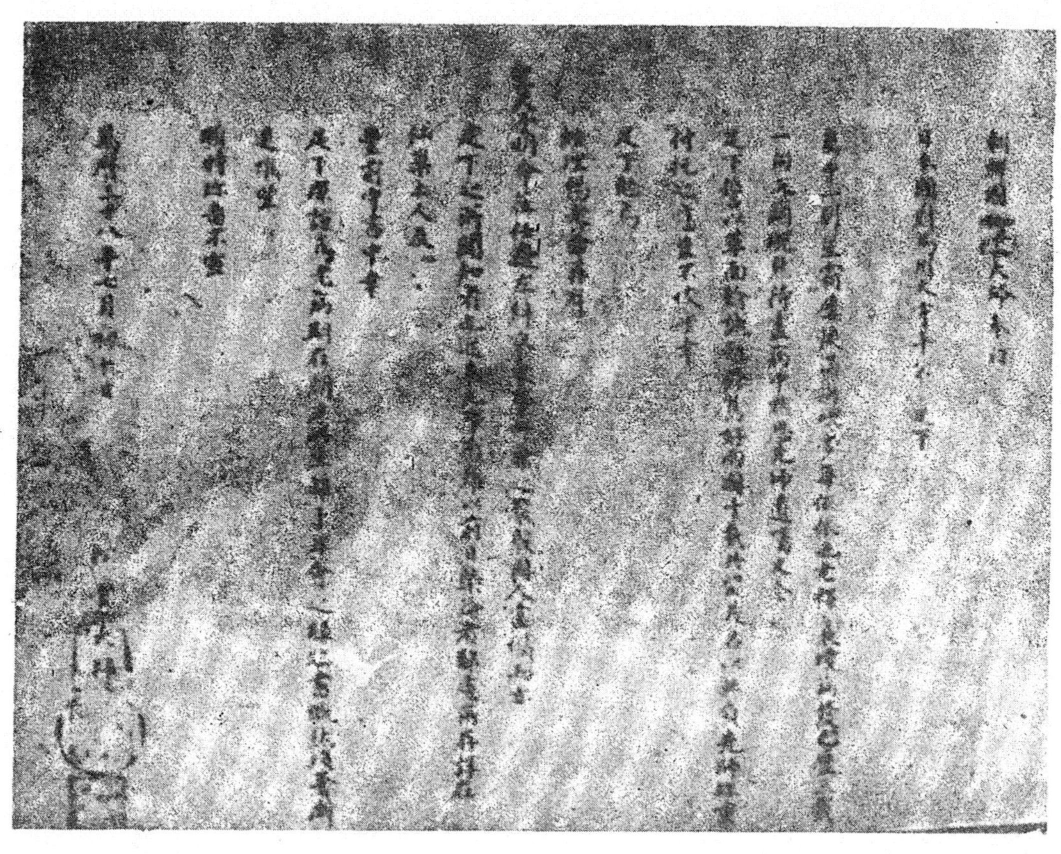

四溟堂의 筆蹟

朝鮮國[松雲]大師奉白

日本國對馬州太守平公　足下

島中一別　星霜屢換　過海魂夢　每依依也　老釋衰境病發　已
歷三載　一向沉痼　塊然待盡　病中默思　先師遺囑　又念足
下誓以革面輸誠　勉修舊好　兩國千載　共留美名　以無負先師
（僧休靜）珎重付托之意　豈不怏乎　幸　足下勉焉　經理楊老爺
再膺　聖天子明命　莅任遼左　斜察東事　此爺之嚴毅　國人盡
攝　而亦　足下之所聞知者也　近來凡事有難以前日藥論者　鄙
慮所存　詳在・仙巢上人及豐前守書中　幸　足下深諒焉　老病
期在朝夕　此生難卜再會之緣　臨書慨然　殘暑漸退　惟望　順
時珎嗇　不宣

萬曆三十八年七月初十日

松雲大師

朝鮮國　松雲大師는　日本國　對馬州太守平
公　足下에게　사뢰노라.
섬에서　한번　작별한　후로　해가　여러번
바뀌었으나, 바다를　기난일은　매양　마음
에　연연하노라. 이　사람이　老境에　病이　發
하여　이미　三年이되건만　오직　重하여갈
뿐이라, 홀로앉아　죽을날만　기다리노라.
病中에　가만히　先師(西山大師　休靜)의　遺
囑을　생각하고, 또　足下가　마음을　돌리어
정성을　다하겠다고　맹세한일을　생각노라.
옛　정의를　힘써닦아, 두나라千年에　함께
아름다운　이름을남겨　先師의　은근한부탁
의뜻을　저바림이없으면　어찌　快하지않으
리요. 부디　足下는　힘쓸지라.
經理　楊老爺(明나라사람　名은　鎬)가　聖天
子(明나라天子)의　命令을　다시　바뜰어　遼
左(遼東)에　도임하여　동쪽일을　斜察하니
이분의　嚴正剛毅한것은　우리나라　사람이
다　두려워하고, 또한　足下도　들어서　아
는바이라. (前頁　略傳끝에　제속)

忠正　閔泳煥公　略傳
****

公은 四一九四年(西紀一八六一年) 서울 磚洞 (現中東學校跡)에서 閔謙鎬氏의 長子로 出生하였다. 公의七代祖維重은 肅宗大王의國舅로 驪陽府院君 祖는敏久로 官이 判書에 이르고 一女三男을 두었다. 女는 興宣李昰應(大院君)에嫁하니 即 高宗의生母다. 그러 니 公은 高宗과 內外從間이된다. 少時부터 文武兼全의 素質이있었고 열일곱에 文科 에登第하였다. 壬午軍亂에 父君判書公(謙鎬)이 殺害되니 公은 모든官職에서물러났다.

甲申政變을 치른후 公은 여러閔氏네와함께 政界에 活動하기 시작하여 스물일곱때 부터 설혼한살 養家母堂(伯父泰鎬氏가 無後하여 公이 出系하였다)의 內艱喪을當하여 官界를 떠날때까지 五年間 兵曹判書로 在任하고, 苛歛과誅求를일삼는 다른 閔氏네의 惡行을 可及的막아왔다. 養家母堂의 三年喪을 마치고 다시 官界에나와서 建陽元年(四 二二九年) 赴露特命公使로 露帝니코라이二世 戴冠式에 參席하고 또한 英德義法墺等國 特命公使도 하였으므로 上記各國을 巡遊하였다.

이듬해 돌아오는길로 軍部內部外部學部度支部의 各大臣及 議政府參政等을 歷任하고 크게經綸을 폈다. 公의 軍部大臣時代에 우리나라의 軍制를 新式으로改編하여 外國의 參謀本部에 該當하는 元帥府를두어서 全國軍을 統率케하고, 皇帝陛下는大元帥 皇太子 는元帥 大將은 副元帥가되었다. 그러나 國勢는漸次로 기울어져서 列國은連하여 利權 의割讓을 强要하고 政府는 甚히弱體이어서 어떻게할 道理가없었다. 다른閔氏네는 自 身의富貴에 눈이어두어 國家의利權을 손쉽게내주려고했으나 公은홀로 毅然히버티어왔 다. 또한公은當時重臣으로서 最初의民主主義者였다. 그것은公이獨立協會에對한 態度로도 알것이다. 守舊派의內閣高官들은 獨立協會를크게싫어하여 그것을撲滅하기에힘썼지만 公은 이會員들의熱烈한 憂國愛民의至誠에共鳴하여 政府當路者로서 獨立協會를彈壓하기는커 녕 도리어支持激勵하였다. 이때문에軍部大臣閔泳綺와衝突하고 內部大臣을辭任하게되었다.

嗚呼! 乙巳保護條約締結當時 侍從武官長이었던公은 이條約의締結을 强要當할줄 알고 미리몇번이나 高宗께 允許하시지지말도록 上奏하였으나, 伊藤博文林權助等倭賊과 李完用 等賣國重臣들의 손으로 그여히 이條約이成立되었다. 痛憤을참지못한公은 여러날을두고 杜門不出하다가 原任議政大臣趙秉世氏와 議論한후 이條約을無効로하지도록 百官을이끌고 밤낮으로 闕內에號泣하였다. 그러나 이至誠의上疏도 倭奴의强壓과 그走狗인政府要路의 策動으로말미암아 水泡로돌아가니 呼訴할곳이없었다. 悲憤에極한公은 스스로一命을끊어 皇恩에報答하고 同胞에게 謝罪하는同時에 仇敵日本에一針을주어 後孫에雪辱奮起의힘을 북돋아주는길을擇하였다. 위로는 七旬鶴髮의老母가계시고 아래로는 일곱살을받이로하는 어린五男妹가있었으나 그러나 大義앞에私情은없었다. 그리하여 二千萬同胞와 各國公使 에게보내는 遺書를草하고 小刀로써自刎하였다. 乙巳年陰十一月四日午前六時 그때公의나 이 四十五歲였다. 高宗께서는 公의自決을들으시고 一等禮葬의勅令을내리시어 正一品大 匡輔國崇祿大夫議政府議政大臣을贈하시고, 諡號를忠文이라賜하셨다가 다시忠正이라하시었 다. 忠正이야말로 公에게 가장適合한諡號니 公의一生은實로忠과正으로一貫되었었다. 그후 公의뒤를따른者가 續出하였으니 前議政大臣趙秉世 參判洪萬植兩氏가 仰藥自盡하고 學 部主事李相哲經筵官宋秉璿氏等도 連이어 殉國하였다.

公이殉國한후 그이듬해八月에 公의自決時의 血衣를 藏置하여두었던 公이居處하던자랑 瘦房 뒷골방마루밑에서 푸른대나무가 자라나서 마루청판을뚫고나왔다. 마디는아홉이고 기 럭지는석자가량으로 그후상당히오래동안 성성하게살아있었다. 사람들은 公의흘린피가 마 루밑으로 떨어져서 거기서대나무가 난것이라고하였다. 옛날부터忠臣이죽은뒤에는 그節 介를자랑하는 대나무가 난다고하여 이를"血竹"이라고불렀다. 實로近代科學으로는 證明 할수없는奇異한일이었다. 그近傍에대나무도없었고 더구나 서울에는대나무가 生長하는법 이없었다. 그러나 대나무가 난것이事實이니 우리는이것을 科學判斷을超越한 奇蹟이라고 믿을수밖에없다. 公의愛國至誠이 이같은 超科學的奇蹟을 낳게한것이다.

獻　詞

(忠正　閔泳煥公의　遺芳을　追慕하여)

國戚閔氏의　貴族血統을　이은　公은
文武兼全의　天稟이　놀라워서
十七歲　紅顔으로　文科에　及弟하고
感天의　孝誠으로　父母　섬기다

勢道恣行의　苛斂誅求가　極한
閔氏門中의　貪污와　싸우면서
나라에는　忠誠만을, 백성에겐　사랑만을
日月이　昭明하게　淸廉과　潔白만을

萬國巡遊로　新文化를　배워서
近代韓國의　最初의　自由主義는
獨立協會의　革新運動을　聲援하여
事大主義　亡靈의　暴壓과도　싸우다

아아　國恥의　乙巳條約으로　屈하자
李完用　賣國奴를　痛擊하며
同志와　함께　君前에　엎드려서
呼天罔極　血淚로　땅치며　哀訴하다

哀訴마저　風前燈火로　꺼지고　마자
悲憤한　忠臣의　一片丹心은
皇恩과　同胞에　오직　謝罪하는　길
一命의　自決로써　殉國의　피　흘리다

一期　四十五歲의　巨星이　떨어지자
三千里에는　二千萬이　哀號하고
從容히　제상　떠난　公의　방에선
마룻장을　뚫고　솟은　血竹의　奇蹟이여

忠義에　곧고　굳은　대나무　한구루에
烈魂의　節介는　아홉　마디　맺혔고
아홉　마디　맹세한　獨立의　悲願이여
나라　哭할　江山에　獨也靑靑하여라

忠正　閔泳煥公

伊貌不過一野農　爲卿爲相是何功
誤認名器家聲墜　敢用淸朝理百工

公은 尹氏와 同히 特命全權公使 나코라이 二世 戴冠式에 參席하여 帝冠을 戴하고 韓國 大禮服을 입은 眞이다. 上使를 帶하고 露都에서 박힌 것인데 筆蹟은 나타난 얼굴을 보고 그린 것이다.

譯　柳子厚

그 모양이 한낱 들의 農夫에 지나지 못하거늘 卿도 되고 相도 되니 무슨 功이 있으리요. 名器를 그릇 그르쳐 家聲을 덥히고(더럽히고) 敢히 淸朝에 쓰임을 얻어 百工을 다스리단 말가.

公과 血竹이난 現場

大韓二千萬同胞　遺書

嗚呼　國恥民辱乃至於此　我人民　行將盡滅
於生存競爭之中矣　夫要生者必死　期死者得
生　諸公豈不諒　只　泳煥　結以一死　仰報
皇恩　以謝我二千萬同胞兄弟　泳煥　死而不
死　期助諸君於九泉之下　幸我同胞兄弟　千
萬倍加於奮勵　堅乃志氣　勉其學問　結心戮
力　復我自由獨立則　死者　當喜笑於冥冥之
中矣　嗚呼　少勿失望　訣告

我

大韓帝國二千萬同胞

閔泳煥

各國公館　寄書

泳煥　爲國不善　國勢民計　乃至於此　徒一死報
皇恩　以謝二千萬同胞　死者已矣　今我二千萬人民　行
將盡滅於生存競爭之中矣　貴公使　豈不諒日本之行爲
耶　貴公使閣下　幸以天下公義爲重　歸報貴政府及人民
以助我人民之自由獨立則　死者　當喜笑感荷於冥冥之
中矣　嗚呼　閣下　幸勿輕視我大韓　誤解我人民之血心

大韓二千萬同胞遺書　譯

슬프다! 國恥와 民辱이 이에 이르렀으니, 우리人民은 장차 生存競爭속에서 모다 滅亡하게되었다. 무릇 生을要하는者는 반드시死하고, 死를期하는者는 반드시 生을得하는것을, 諸公은 어찌 諒解하지않으리요. 泳煥은 다만 一死를結합으로써 우러러 皇恩에報答하고 우리二千萬同胞에게 謝罪하노라. 泳煥은 죽었다하여도 죽은것이아니라. 諸君을 九泉之下에서 期必코도울것이다. 부디 우리同胞兄弟는 千萬으로 奮勵를倍加하여 志氣를굳게하고 學問을힘쓰고 結心戮力하여, 우리自由獨立을 回復하면 死者가마땅히 冥冥之中에서 喜笑할것이니, 슬프다! 조곰도 失望하지말지어다. 우리大韓帝國二千萬同胞에게 訣告하노라.

各國公館寄書　譯

泳煥은 爲國에善치못하여 國勢와民計가 이에이르렀으니, 한갓 한번죽어 皇恩에報答하고 二千萬同胞에게 謝罪하노라. 死者는 말할것없거니와, 이제 우리二千萬人民은 장차 生存競爭속에서 다 滅亡될것이다.

貴公使들은 어찌하여 日本의行爲를 諒察하지못하였을 것인가. 貴公使閣下들은 부디 天下의公義를 尊重히 여기어, 돌아가 貴政府와人民에게 報道하여 우리人民의 自由獨立을 도웁는다면, 죽는나는 마땅히 冥冥之中에서 喜笑하고 感荷할것이다.

슬프다! 閣下들은 우리大韓을 輕視말고 우리人民의血心을 誤解치말기를 바라는바다.

編者附記

公의 遺書는 우리同胞에게 보내는것과 各國公使에게 보내는것이 名啣에 鉛筆로쓴 眞筆이 있었으나, 甚히흐려져서 揭載치않는다. 上右便에揭載한것은 當時警務顧問으로부터 報告 들어온것을 倭公使館에서 秘藏해 두었던것이다.

一醒 李儁先生 略傳

********＊**********＊**********＊*****

四一九二年(西紀一八五九年) 十二月十八日 咸南北靑에서 呱呱의聲을 發하니 父는秉瓚
氏요 母는淸州李氏였다. 三歲時에 六日間을隔하여 兩親이俱歿하니 祖父의撫育으로 漢
學을工夫하매 少時부터 豪膽한氣槩과 非凡한勇氣는 衆에特出하였다. 十七歲에上京하였
다가 三十歲에歸鄕하여 經學院을設立하고 英才育養에專力하였고, 다시上京하여 漢城裁判
所檢事에被任되었다. 先生은當時頑固守舊의 封建政權에對抗하여 民權運動을 가장먼저鼓
吹實踐하였다. 實로 그는我國에있어서 民主主義運動의 先驅者였다. 그리고 日本의侵略
을 가장强烈히 國內國外로 反擊하여 東亞侵犯의初陣에 肉迫突擊하였다. 建陽元年(西紀
一八九六年) 秋에 先生은 徐載弼等諸氏와함께 獨立協會를創立하고 評議長으로 被選되
자 李商在氏等과 獨立新聞을 發刊하고 街頭演說 獨立門建設等 國民運動에 活躍하다
가, 朴泳孝 張博氏等과 日本에亡命하여 早稻田大學法科를 卒業하고 光武二年에 歸國하
여 繼續獨立協會에서 活動하였다. 또는 萬民共同會主催로 內政改革과 惡質廷臣黜免을
强請하여 積極運動을 展開하다가, 李承晚 李東寧氏外十五人과함께 投獄되었다. 釋放된後
光武三年에는 改革黨을 閔泳煥 李商在等諸氏와 組織活動하였다. 光武八年의 韓日議定
書를 未然에防止코저 反對運動을일으켜 外部大臣署理 李址鎔을 因逐케하였다. 光武九
年五月에 尹孝定氏等과 憲政研究會를 組織하여 一進會에對抗하고, 同年七月에 大韓保安
會總務로 惡戰苦鬪하여 日人에貸付한 荒地貸付文券을 日人公使로부터 奪還하였다. 同
年十一月에는 乙巳保護條約을 事前에막으려고 日本으로가서 亡命客等과 相謀하고 이
어 上海에渡去하여 電報로 各國에 連絡活動하였으나, 畢竟同條約이 締結되자 閔泳煥
氏等節臣의 殺身成仁한 悲報를듣고 痛哭歸國하였다.

그後 赤十字會長 共進會長에被選되고 光武十年四月 尹孝定 張志淵氏等과 大韓自治
會를 組織하여 敎育産業의擴張發達을 圖謀하였으며, 國債報償聯合會長으로 救國運動에
盡力하였다. 同年十月에는 萬國靑年會 國民敎育會 普光學校 또는 李甲氏等과 西北學
會五星學校를 創設하여 靑年運動과 育英事業에 盡力하였다. 先生은 다시 뜻한바있어
平理院檢事에 就任한後 蠹國傷民하는 平理院裁判長李允用 法部大臣李夏榮 刑事局長金
洛憲等을 一網打盡하여, 光武皇帝의親託도 斷然拒絶하고 李夏榮의 反訴로 前無後無한
公開裁判에附하여 國憲과紀綱을 바로잡은 功績은 永遠不朽할 壯擧이었다.

乙巳保護條約은 國恥民辱이라 忠國烈士의 殉節과 光武皇帝의 反對親書發表(大韓每日
申報)와 全民族的反對運動의 熾烈함이 三千里坊坊谷谷에 徹底하였으나, 日本의 壓制와
放恣의度는 增大하여만갈 그때 即 光武十一年(西紀一九〇七年) 和蘭海牙에서 萬國平和
會議가 열리게되었다. 李相卨氏와 先生等은 光武皇帝께 該會議에 勅使를 派遣하여 日
本의侵略을 世界公論에 附할것을 極力奏請하니 委任狀과詔書가 내리었다. 先生은 이
를 奉戴하고 同年四月二十二日 單身으로 京城發釜山經由 海參威에 이르러서 거기서
기다리던 李相卨氏를 만나同行하였다. 露都에서 李瑋鍾氏를 帶同하고 海牙에到着하여
會議長인 露國委員베리토프伯을 비롯하여 美,英,佛,和等 代表를 歷訪하고 參會를 懇請
하며 各國新聞에 聲援을請하였다. 密使諸氏의 猛烈한活動이 奏効하여 會議에 參席하
고 日本의 非를糾彈하며 乙巳條約이 韓皇의意가아니니 扶弱濟危하라는 控告詞를 提
出하였다. 이에 日本代表는 驚愕罔措하여 韓國은 外交權이없으니 委任狀의眞僞를 韓
皇께 照會하자고 主張하여 照電하였던바, 賣國賊李完用等이 伊藤博文과더불어 光武皇
帝를 威脅하여 帝意아님을 回電하게되었다. 列國委員은 事情은斟酌하나 公式上處理에
難하다하여 不得已三密使에게 退場을命하니, 先生은 所謂平和會議가 弱少民族을 不顧
하는 不公平을 大聲絶叫하고, 義憤을 참지못하여 四十七個國代表앞에서 剖胸割腹하여
濺血로써 會場을 물들이고, 大韓獨立萬歲를 우렁차게 불러 萬邦을 驚動케하니 때는
四二四〇年(西紀一九〇七年) 七月十四日이요 享年이 四十九歲였다.

獻　詞

（一醒　李儁先生의　遺芳을　追慕하여）

山높은　北關, 바다　넓은　東海가에서
少時부터　革新의　氣象이　늠늠
封建腐攻의　亡國論　부르짖으며
民權自由의　民主警鐘　울리다

獨立協會와　獨立新聞으로　싸우다
日本에　亡命하여　法學을　專攻하고
萬民共同會로　또다시　싸우다가
十五同志와　鐵窓呻吟도　甘受하다

改革黨　憲政會의　民主獨立　目標로
親日　一進會와　용감하게　싸웠고
上海로　亡命하여　萬國에　呼訴하다가
閔忠正　殉國悲報로　憤然히　歸國

國家繁榮의　百年大計로
産業振興과　青年育英에도　힘썼고
檢察의　法刀로는　貪汚輩도　肅清하다

아아　乙巳條約의　惡夢으로
國恥民辱의　痛哭이　터졌을　때
때마침　和蘭의　海牙市에서
四十七個國의　萬國平和會議　열리다

그　平和會議에　民族正義를　호소코자
두同志와　함께　密使로　달려　갔으나
당황한　日本代表의　猛反對로
눈물　머금고　退場令　받았으매

弱肉强食의　허울좋은　平和靈殿에서
二千萬　同胞의　心血을　吐露코자
스스로　割腹한　正義鮮血로
大韓獨立萬歲를　永遠히　남기고　가다

一醒 李儁先生

海牙의　萬國平和會議에　三代表를보내신　高宗太皇帝　高
宗께서는　끝끝내　排日하시다가　不幸히　崩御하시었다.

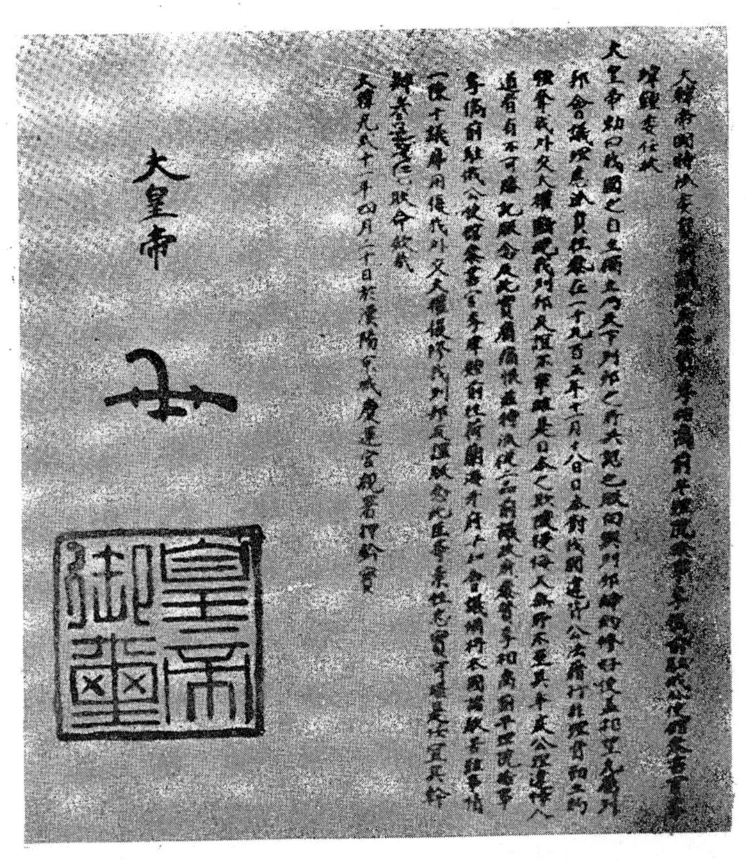

謹譯 柳子厚

大韓帝國特派委員　前議政府參贊李相卨과　前平理院檢事李儁과　前駐俄公使舘參書官李
瑋鍾에게　주는委任狀

大皇帝는　勅書하여말한다. 우리나라의自主獨立은　天下의列邦이　다같이承認한바이다.
朕이　일쭉　列國으로더부러　修好의條約을締結하여　各國使臣들의　盖節이相望하고있
는터이다. 그럼으로　列邦의會議는　어떠한會議를勿論하고　委員을派遣하여　가서參與
할수있는것이다. 그럼에도不拘하고　一千九百五年十一月十八日에　日本이　우리나라에
對하여　公法을違背하고　非理를藉行하여　立約을脅迫으로　만드러　우리나라의　外交
大權을强奪하고　우리나라와列邦사이의　友誼를斷絶케하였다. 이것이　어찌　日本이우
리나라만을　속이고　업수이여기는것뿐만이　되고말것이냐. 앞으로는　日本이못할것이
없을것이다. 그것이　公理에乖戾되고　人道에違悖됨은　이루　춧어　記錄할수없는바이
다. 朕의생각이　여기에미치매　痛恨을　참을수가없는바이다. 그럼으로　여기에　從二
品前議政府參贊李相卨　前平理院檢事李儁　前駐俄公使舘參書官李瑋鍾을　特派하여　荷
蘭海牙府平和會議에　앞서　가서　本國의諸般의　苦難한事情을갖후어　議席에서　一陳
케하는바이다. 그리하여　우리나라의外交大權을　다시恢復하고. 우리나라와　列邦사이
의友誼를　다시修好코자　하는바이다. 朕은　이臣下들의　素性이忠實하여　이任務에可
堪하고　幹辦과妥適에있어서　그　맛당함을얼어　朕의命令을삼가고　恭敬하여　그릇침이
없을줄로　생각하는바이다.

大韓　光武十一年四月二十日　漢陽京城慶運宮에서　親署하고　御璽를질은다.

海牙의三代表
左로부터　李
儁　李相卨
李瑋鍾三先生

젊을때의 李儁先生

左는　海牙의萬國平和會議　會場　卽　아래　建物의　正門이다　우리의　三代表는
이門을　들어가려고　얼마나　苦心하였던가　苦心의結果　들어가긴하였으나　　뜻
을　이루지못하니　李儁先生은　割腹하고　李相卨　李瑋鍾兩先生은　눈물을먹음고
退場하였다　門앞에　선　두분은　右便이　安東源氏　左便이　嚴尭燮氏인데　　海牙
를　찾었을때(四二八一年)의記念撮影이다　右는　異國萬里의海牙에서　의로이잠든
李儁先生의　墳墓

萬國平和會議
當時의　會場

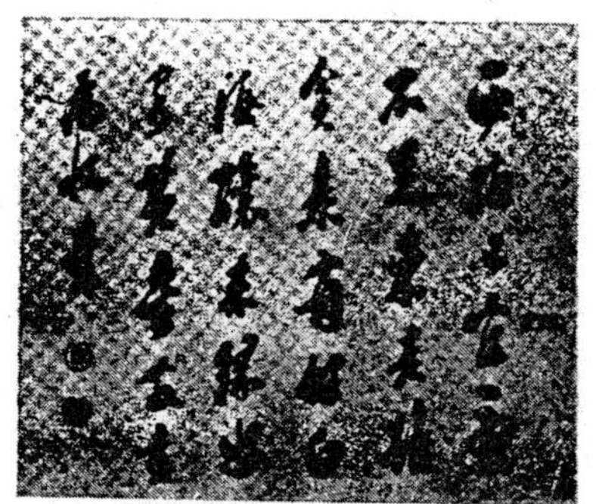

先生의

西隣已富憂不足
東老雖貧樂有餘
白酒釀來緣好客
黃金散盡爲收書

譯 柳子厚

西쪽 이웃사람은 이미 富者가 되었건만 不足함을 근심하고 東쪽 늙은이는 비록 가난하나 즐거움이 有餘하고나 힌술을 빗어오는 것은 좋은 손님을 因緣하는 까닭이오 黃金을 다 헤처버린것은 책을 사들이기때문이로다

(譯者는 李偁先生의 令婿로 東邦文化社社長)

求學切於春望雨
持心恒若夜聞雷

譯 柳子厚

學問을 求함은 봄에 비를 바라는 것보다도 懇切하고 마음을 갖기는 恒常 밤에 雨雷를 듣는것과 같다

先生의　愛誦遺筆

47

安重根義士 略傳

****

四二一一年(西紀一八七八年) 黃海道信川에서 篤實한天主敎人 安泰勳氏의 아들로 出生하였다. 十五歲時 東學亂이 일어나매 信川地方에서는 東學의 이름을 팔고 良民을 害치는 烏合의무리가 일어났다. 義士는 十五歲의 少年으로 발간두루마기에 銃들고 그들과싸와 그때부터 銃의名人이란 일컬음을 들었다. 그후 海州와 鎭南浦等地에서 居住하다가 乙巳條約으로 國運이 기울어짐을보자 奮然 上海로 渡去하였다가, 다시 뜻한바있어 海參威로 가서 李範胤 禹德淳等諸氏와 더불어 義兵養成에 全力을 기울였다. 그리하여 精銳三百의 勇士를 거느리고 豆滿江을건너 慶興 會寧 一帶에서 倭敵의 軍警과 激烈한 戰鬪를 開始하였다. 이러한 戰鬪가 벌어지기 세차례, 敵의 數는 우리便보다 數十倍나 많았을뿐더러 豐富한 武器를 갖었었다. 적은 힘으로 큰 힘을당해낼 도리가 없어 마침내 三百勇士는 恨을품은채 敗戰하였다. 義士는 아픈 가슴을 얼눌르고 海參威로 돌아가고, 禹德淳氏는 붙잡히어 七年刑을 받았다가 脫獄하여 역시 海參威로 돌아갔다.

韓國統監을 내어놓고 日本으로 돌아가서 樞密院議長의 자리에앉은 伊藤博文이 다시 中國에 野望을품고 北滿視察이란 名目으로 滿洲로간다는 消息을들은 義士는 千載一遇의 機會임을 직각하였다. 때는 四二四二年(西紀一九〇九年)이었다. 옳다 侵略의 元凶 伊藤을 죽이자. 義士는 同志禹德淳 曹道先 劉東夏 三氏를 먼저 長春과 하르빈 사이에 있는 蔡家溝驛으로 보내어 伊藤의 行動을 탐지하게 하고, 自己도 곧 뒤를 따라갔다. 마침내 伊藤이 十月二十六日 오전九時에 하르빈에 도착한다는 情報가 들어왔다. 伊藤은 하르빈에서 露國財務大臣 꼬꼬호체프와 會見한다는 것이다. 하르빈에 도착한 義士는 愛銃 부르닝六연발을 가슴에 품고 아침일찍기 驛으로 나갔다. 當時 日本最高의 元勳인 前韓國統監 樞密院議長 大勳位公爵伊藤博文이 온다고 驛에는 各國領事를 비롯하여 高位高官의 무리가 나와섰고 그뒤에 一般群衆들이 立錐의 餘地가 없이 雲集하였다. 九時定刻에 豊賓列車는 들어왔다. 이윽고 풀렛폼에 내린 伊藤은 꼬꼬호체프를 비롯하여 各國外交官들과 人事를 마치고 뒤이어 그곳에 正列하고 있는 露國軍隊를 사열하려고 할 그순간, 義士가 發射한 세방의 銃彈은 伊藤의 바른편 어깨와 아랫배와 가슴한복판을 貫通하였다. 연이어 키작은놈 即 倭놈만을 골라서 쏘는 "射擊의名人" 安義士의 총알은 森秘書官의 왼쪽팔에 맞고 川上領事의 바른편팔에 맞고 田中滿鐵理事의 왼쪽장단지에 맞어서, 六발에서 一발의 虛彈도 없이 하르빈驛 풀렛폼을 惡鬼의괴로 물들였다. 凶物伊藤은 三分後에 絶命하였다. 여기서 義士는 "大韓獨立萬歲"를 소리높이 부른다음 憲兵의 무리에게 몸을 내어맡겼다. 이리하여 義烈의英雄 우리安義士는 三十三歲를 一期로 四二四三年(西紀一九一〇年) 三月二十六日 異國땅 旅順監獄에서 倭敵의손에 死刑이되었다. 그리고 禹德淳氏는 三年 曹道先 劉東夏 兩氏는 一年半의 刑을 當하였다.

安義士의 義擧歌

만났도다 만났도다 원수너를 만났도다
너를한번 만나려고 水陸으로 幾萬里를
千辛萬苦 거듭하여 가지성을 더듬었다
或은輪船 或은火車 露國淸國 彷徨하고
너를오늘 만나보려 너뿐인줄 아지마라
오늘부터 시작하여 한놈두놈 보는대로
남의나라 빼앗는놈들 내손으로 죽이리라

獻　　詞

（安重根義士의　遺芳을　追慕하여）

國情이　뒤숭숭한　李朝末葉에
東學亂이름　파는　匪賊의　무리
九月山의　精氣를　더럽히면서
良民殺傷과　家産掠奪을　恣行하다

義血에　불타는　十五歲의　少年勇士는
가마귀떼와　같은　匪賊을　물리칠　때
사랑하는　사냥銃의　名手　솜씨로
見敵必滅의　威風을　높이　떨치다

乙巳條約强要로　國內가　어지롭자
上海로　海參威로　亡命　방황중에도
獨立軍養成으로　밤잠　못자고
豆滿江　건나들며　日警隊　두렵히다

異域에　臥薪嘗膽　기다리던　날
一九〇九年　十月二十六日이여
祖國과　東洋平和의　凶敵　伊藤博文을
할빈驛頭에서　對決한　千載好機여

日本武壓에　숨도　못쉬고
암담한　란석만　깊은　天地에
壯烈한　義擊의　愛銃　三發聲
伊藤은　三分만에　地獄구경　보내다

하하하하,　痛烈히　웃은　義士는
달려드는　憲兵隊에　내몸을　맡겨
旅順獄中에서　哲人처럼　從容하다

아아　一九一〇年　三月　二十六日　가신
三十三歲　靑春와　殉國의　記念이여
"見利思義　見危授命"의
獄中絶筆　掌印의　萬代遺香이여

安重根　義士

4242年 10月 26日 하르빈驛풀렡홈에서 露國財務大臣 꼬쯔호체프와 會見하는 伊藤 실크햍을벗고 答禮하는것이 伊藤이고 右便 露兵 左便에선것이 하르빈 總領事 川上俊彦인데 伊藤은 이 場面에서 一分後에 砲殺되었다

安義士의 義彈에 꺼꾸러진 伊藤博文

耐忍

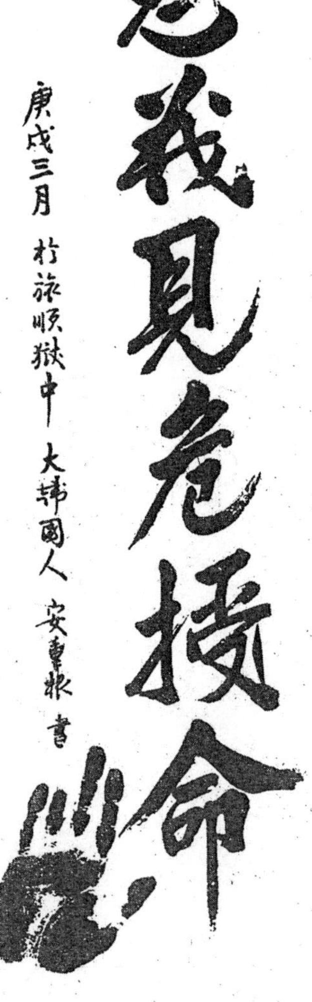

安義士와 함께擧事한　禹德淳氏

安義士遺筆　譯
利로운것을　보거던　正義를　생각하고
위태로운것을　보거던　목숨을　주라

나죽은후에 나의 시체는 우리나라가 回復하기전에는 반장하지말라 고 安重根義士가 旅順監獄에서 遺言하는 悲壯 또 嚴肅한場面이다. 左便 앉아있는두분이 義士의令弟 定根恭根 兩氏. 맞은便 바로보이는분이 安義士. 그앞에서 遺言을듣는분이 洪神父. 右便끝이栗原典獄.

姜宇奎義士 略傳
****

　四一八九年(西紀一八五六年)　平南川郡武陵面濟南里에서　出生하였다.　少年時　父親을 따라　咸南洪原郡龍源面靈德里로　移住하였다.　漢學에　專念하다가　國運이　기울어짐을 보매　憤然　故國을떠나　滿洲北間島頭道溝로　건너갔다.　다시　吉林　西伯利亞　沿海州等 地를　遍踏한後　吉林饒河縣　同胞의　部落에　東光學校를　設立하였다.

　四二五二年(西紀一九一九年)　國內의　三一運動에　呼應하여　滿洲　露領等地에서　이運 動에　活躍하였다.　同年五月　海參威에서　朝鮮總督討滅을　決意하고　同志들에게　自身의 決意를　吐露한후　東部西伯利亞　烏蘇里　一小驛게서　爆彈을　사가지고　다시　海參威로 돌아가서,　同年六月　元山上陸歸國하였다.　八月五日　目的地인　서울에　到着하여　內外情 勢와　總督의　動靜을　살피던中,　長谷川이　辭任하고　後任으로　齋藤實이　任命되어　同 年九月二日에　赴任한다는　確報를　들었다.　義士는　齋藤의　寫眞을　求하여서　그　용모 를　똑똑히　눈에익혀두고　其他　擧事에　必要한　준비를　하였다.　그리하여　每日같이 南大門停車場　부근을　徘徊하면서　擧事에　適當한　場所를　마음에　點처두었다.

　齋藤實이　오는　九月二日,　義士는　일찌기　朝飯을　마치고　그동안　至誠으로　秘藏하 였던　爆彈을　다시　明紬수건에　싸서　몸에　지니고　손에는　雨傘을들고　村農老의　차 림으로　停車場에　나가서　極히　沈着한　態度로　雲集한　群衆의　틈에　끼었다.　午後 四時頃　齋藤을　태운汽車가　到着하였다고　群衆은　떠들고　官憲의　警備는　一層　森嚴 해졌다.　義士는　群衆을　헤치고　貴賓室　出入口　右側으로　갔다.

　얼마후　齋藤은　안해와　政務總監　秘書官等을　비리고　貴賓室正門을　나와서　馬車를 타려하였다.　바로　이때로다하고　義士는　爆彈의　安栓裝置를　빼고　馬車를　타려는　齋 藤을　向하여　機敏하게　던졌다.　爆彈은　齋藤이란　馬車앞　十餘步거리의　地點게서　爆 發하였다.　이야말로　晴天에　霹靂이었다.　天地를　震動하는　爆音에　官憲과　群衆은　失 色하였다.

　아ー그러나　이　무슨　神의작란이냐!　爆彈의　破片두쪽이　馬車밑을　스치고　지나가 고　단한개의　破片이　齋藤이　탄　馬車의　뒤에　맞아　齋藤의　革帶를　스쳤을뿐　齋藤 과　政務總監　秘書官等은　모두　殘命을　保存하였다.

　그러나　이날　三十七名의　重輕傷者를　내었으니,　其中　巡查末弘又二郎은　破片이　왼 쪽궁둥이를　貫通하여　九月十一日　卽　事件十日후에　絶命하였고,　大阪朝日新聞特派員橘 某는　破片이　腹部로　들어가서　그해十一月一日에　저승으로갔고　大阪朝日新聞特派員山 口諫男은　바른편어깨에　重傷을　입어서　팔을　잘러버렸다.

　義士는　이날　齋藤의　목숨만　끊었드라면　親히　지은　詩를　소리높이　읊고　倭敵의 橫暴을　群衆앞에서　聲討하려하였으나,　뜻을　이루지못하니　悄然히　자취를　감추어버렸 다.　그러다가　敵에　被逮되어　四二五三年(西紀一九二〇年)　十一月二十九日　祖國의　앞 날을　빌면서　西大門監獄　倭敵刑場의　이슬로　사라졌다.　그때　享年이　六十五歲였다. 義士가　死刑言渡를　받고　지은詩와　刑場에　나가서　읊은　詩가　있으나　求할수없으니 恨事가　아닐수없다.

　祖國光復을　爲하여　殉國한　先烈이　不知其數이나　우리　姜宇奎義士는　그때벌찌　六 十이　월씬넘은　高齡으로　直接　擧事한것을　追念할때　다시금　머리가　숙으려진다.

獻　　詞

（姜宇奎義士의　遺芳을　追慕하여

눈물이　끓는　滿洲벌　여름에도
눈보라　휘날리는　시베리아　겨울에도
꿈엔들　잊을소냐, 一片至誠엔
漢江水　깊이　비친　祖國의　하늘빛뿐

三一運動　萬歲의　絕叫
한줄기　血管으로　國內에　사모칠　때
義士는　그　光復祈願의　爆彈한방을
新任　齋藤總督에　선사하려고　入國

一九一九年　九月二日　때도　좋았고
서울　南大門驛의　場所도　좋았는데
늙은　村農夫의　허수룩한　變裝에는
헌우산에　爆彈싼　손수건만　대롱　대롱

어마어마한　警備의　눈을　기우고
車타려는　촌사람처럼　머뭇거리다
驛을　나온　齋藤이　馬車타려는　瞬間！

日本帝國主義의　앞자비　頭目에게
보기좋게　선사한　그義烈彈은
靑天의　벽력으로　터지긴　터졌으나
破片도　빗나간　야속한　그날　운수여

벼르든　원수를　한방에　치운　뒤에
소리　높이　快哉로　朗誦하려던
피로　쓴　愛國詩도　보람이　없이
千秋의　恨을　품고　獄에　매이다

一九二〇年　가을의　서리가　찬날
원수의　刑場에서　이슬되는　목숨으로
스스로　輓歌부른　白髮義魂이여
그　노래　餘韻의　거룩한　回想曲이여

姜宇奎　義士

新總督舊에게 爆彈을 投下

去三日午後五時南大門驛頭의 不祥事
｜重輕傷者의 數 三十名｜
◇有力嫌疑者는 即時捕縛되다◇

新朝鮮統治의 主腦 等

無慮一千餘名의 架廊

轟々한 爆彈聲

爆彈投下의 瞬間

嫌疑者 逮捕

爆殺을 免한 數分後의 齋藤實 夫妻

殉國處女　柳寬順孃　略傳
****

四二三七年(西紀一九〇四年)　忠南天安邑에서　五十里쯤　떨어진　지명리에서　柳重權氏와　그夫人李氏사이에　태어나다. 公州敎會婦人宣敎師의　알선으로　서울梨花學堂에　校費生으로　進學. 高等科一學年三學期　孃이열여섯살때　四二五二年 西紀一九一九年)에　三一運動이　일어나다· 總督府의　命令으로　學堂이休學되자　孃은同窓인　四寸언니　에더함께　鄕里로歸還. 거기서　禮拜堂과　靑新學校等을　찾아다니며　이運動에參加하기를　力說하고　조인원　김구응等　熱烈한同志를　얻은孃은,　다시　燕岐　淸州　鎭川等地의　敎會와　儒林代表를찾고　贊同을얻어서　陰曆三月一日을　期하여　蹶起하기로하다.

陰曆三月一日　數萬名이參加하여　到處에서　宣言式을擧行하고　萬歲를부르다. 이날　倭敵의　총칼에　여러同胞의　아버지重權氏　어머니李氏가　生命을빼앗기다.

孃도　主謀者로잡히어서　公州檢事局으로送致되어　거기서　公州永明學校學生代表로　公州서　運動하다가　잡혀온　오라버니寬玉君(지금은우석)과　만나다　七年刑을받은孃은　不服하고　서울로上告, 서울서도　역시　七年刑을받고　西大門監獄에서服役中, 獄中에서　魚允姬　朴仁德　兩女史와相面. 愛國一念에　불타는孃은　여기서도　萬歲를부르고　獄中同胞에게선동하다가　獄吏의酷刑에　아까웁게도絕命, 거룩한　殉國의英魂이되다. 때에十七歲.

****
柳　寬　順　孃　追　念　辭　　　　　薛　　義　　植
****

姓은　柳요, 이름은　寬順이니　이나라의　딸이다.

도적의　사슬에　얽매인　이고장에　태어나서　총과　칼에　시달린채　비오　바람에　부대끼기　열이오　여섯, 천생으로　타고난　맵고도　붉은　맘에　찾아든　겨레의　설음을　그대로　품고, 己未年　三月一日에　天安도　아내(並川)를　뒤흔든　自由軍의　先頭를　가로막았으니　이　곧 "殉國의處女"——샛별같이　빛나는　우리의　꽃이었다.

神明도　두려울사, 淸血을　빨고　生肉을　뜯는　鬼畜의　무리들은　우리　아기의　아버지를　총살하였고, 우리　아기의　어머니를　총살하였고, 그리고　다시　우리　아기가　자라나던　오막에　불까지　질렀다. 하늘이　무녀지고　땅이　꺼질때, 우리의　寬順아기는　한고비　단단하게 "民族"을　부둥켜　안았고, 더한층　든든하게 "祖國"을　짊어졌다. 그리하여　榮辱을　벗어난　超人이　되었고　물불이　범치못하는　生神이　되었던　것이다.

七年의　刑期를　받았으나　그는　오히려　百年의　生命에　自若하였고, 鐵獄에　가친배　되었으나　그는　저대로　自由를　일컬어　날마다　밤마다 "獨立"을　부르짓고　萬歲를　불렀다. 소리　한번에　惡刑이　두번이요　소리　두번에　亂杖이　열번이라, 이리하여　우리의　거룩한 "나라의　딸"은　필경　오랑캐의　갈퀴에　찌키어 "六屍"로　갈래되니, 원통하여라　十七의　봉오리! 피와　살과　뼈가　송두리채　餓鬼의　밥이　되고　말았다.

"일본은　망한다. 절대로　절대로　망하고야　만다"——괴물은　한마디를　남기고　눈을　감은　우리의　柳寬順, 그렇게　殉國한지　三十年　오늘에　일본은　자즈러지고　祖國은　일어섰다. 무수한　先烈의　무덤위에　祖國은　일어섰다. 일어선　祖國은　이제　그때를　생각하고, 그날을　생각하고, 그리고　우리의 "그님"을　생각하면서　오늘에　우는　것이다. 마음에　새기어　느끼고, 다시금　느끼어　오늘에　우는것이다.

짧은　一生을　나라에　바친　한떨기의　無窮花! 사나운　된서리에　피지도　못하였던　봉오리는　이제　自由에　느껴운　三千萬개의　가슴에서　피어날　것이다. 오늘을　즐기는　兄弟여! 오늘의　光榮을　기리는　姉妹여!

在天의　英靈들과　함께　길이　영겁에　무렸할　寬順아기의　忠魂을　위하여　다　같이　머리숙여　合掌하시라. 그리고　그거룩한　芳香이　이고장의　구비구비에　풍기게　하시라.
己未後二十九年八月　(이글은　追念會때　쓴것이다. 編者)

獻　　詞

（殉國少女　柳寬順孃의　純情을　追慕하여）

그리운　그故鄕의　天安삼거리
능수버들　녀훌녀훌　바람결에　춘하듯
이름도　柳寬順의　우리　아가씨
나라　위한　決心만은　고초보다도　맵다

梨花學堂에　공부하던　窓가에
배꽃처럼　얼굴도　마음도　하얀　女學生
白衣民族의　天使처럼　곱게　자라다
三一運動　萬歲엔　불덩이로　붉도다

하느님　빌는　그　마음으로
나라의　복을　빌던　그의　집안의
아버님　뼈조차　萬歲부르다　잃고
어머님　살조차　萬歲부르다　잃다

하느님의　원수여, 내나라의　원수여
아버님의　원수여, 어머님의　원수여
少女의　이몸야　백번　죽은들
그　원수　앞갚고야　어찌　눈잠으리까

완고하고　겁많은　忠淸道　선비들도
청성어린　호소에　발굴르며　나서고
촌할머니　촌색시도　행주치마　졸라매며
少女勇士　뒤를　따라　烽火불　들다

아아　그러나　원수는　악독해서
二千萬의　萬歲소리　三千里에　꺼지고
원수들　촌에　우리孃도　잡혀서
억울한　惡刑으로　七年이나　呻吟하다

鐵窓七年의　긴긴　歲月에
낮에는　萬歲소리, 밤에는　獨立의　꿈
목숨있는　순간까지　純情으로　싸우던
獄中殉國의　十七歲　怨魂이여

殉國處女　柳寬順孃

梨花學堂時節의　柳寬順孃（後行右便끝）

朝鮮의　짠다ー크　柳孃을길넌낸　當時의梨花學堂　孃과　因緣깊은校舍이다

金相玉烈士 略傳
＊＊＊＊＊＊＊＊＊＊＊＊＊＊＊＊＊＊

四二二三年(西紀一八九〇年) 서울東大門안 於義洞에서 營門砲手 金貴鉉氏의 둘째아들로 誕生하였다. 困苦한 家庭이라 學校엘 못가니 공부못하는것이 너무나 恨이되어 예수를 믿기보다 공부할 욕심으로 東大門敎會안에있는 信軍夜學에 들어갔다. 낮에는 대장깐에서 일을하고 熱心으로 夜學에 다녔으나 未久에 이夜學마저 없어지니 단독으로 東興夜學校를 設立하여, 無產子弟에 배움의길을 열어주고 자기도 부지런히 공부하였다. 二十一歲때는 京城英語學校에 다니었고 二十三歲때에는 東大門밖에서 永德鐵物店을 經營하였다. 五六年後 日貨排斥을目的으로 말총帽子를 創製하여 工場을 設置하고 國產品을 獎勵하였다.

四二五二年(西紀一九一九年) 三一運動을 겪은지 한달후인 四月에, 英國人퍼어슨女史의집에서 革新團을 組織하고 革新公報를 發刊하였다. 同年十二月 實踐運動으로 暗殺團을 組織하고 總督及倭人高官 反逆徒輩等을 毁殺肅淸키로 하였다.

이듬해 韓君 金東淳氏等과 謀議하여 美國議員團 四十名이 八月二十四日 入國하는 機會에 上記暗殺行動을 展開하려하였으나 着手前에 同志의被檢으로 失敗에 돌아가니, 烈士는 隱身하였다가 그해十月에 上海로 떠났다. 거기서 金九 李始榮 趙素昂 趙琬九 申翼熙 金元鳳 尹琦燮等 諸氏와더불어, 다시 擧事를 計劃하였다.

四二五四年(西紀一九二一年) 七月初旬에 擧事目的으로 武器를 携帶하고 上海를 出發하여 同月下旬에 歸國하였다가, 忠淸全羅道等地로 다니면서 臨時政府援取金만을 그 아가지고 歸國한지 열흘이 못되어 다시 上海로 건너갔다. 이듬해 十二月에 爆彈拳銃等武器를 携帶하고 上記毁殺目的으로 歸國入京하였다.

四二五六年(西紀一九二三年) 一月十二日 京城鍾路警察署에 爆彈洗禮를 주었다. 行動根據地가 倭警에게 探知되어 同月十七日 눈나리는 午前三時 三坂通隱居處에 數百名의 武裝警官隊가 包圍攻擊하니, 烈士는 이에 熾烈한抗戰을 開始하였다. 그리하여 鍾路署柔道師範 田村刑事部長을 當場에 肉迫射殺하고 數名에게 重傷을 입힌후, 悠悠히 그 包圍陣을 뚫고 丈雪이쌓인 南山으로 올라갔다. 敵은 數百의 警官隊로도 어떻게할 道理가 없어 마침내 軍隊까지 出動시키었다. 烈士는 追擊하는 軍隊와 果敢하게 應戰하여 猛烈한 射擊을加하면서 골짜기에서 골짜기로 자취를 감추었다. 이것이 當時 世上을 驚動케한 有名한 三坂通事件이다.

두차례 놈들과 激戰을 하고나니 날은 밝으려하였다. 獎忠壇부근에 있는 安藏寺를 찾아가서 짚세기 한켜레와 장삼과 송낙을 빌어가지고 짚세기를 꺼꾸로 신고 절을 나왔다. 장삼을 입고 송낙을 쓰고다니니 영낙없는 중이었다. 烈士는 그길로 金剛山으로 들어갔다가 機會를보아서 돌아오려고 하였으나, 다시 생각하니 同志들과 큰일을 計劃해놓고 정작 일을 일으킬 단계에서 말한마디도 없이 혼자떠나버린다는 것은 비겁도 하려니와 革命家로서는 犯할수없는 罪惡이었다. 그래서 同志들에게 일단 消息을 전하고 先後策을 의논한다음 金剛山으로 가든지 上海로가든지 하려고 孝悌洞 李惠受女史宅에 隱身하였다.

그런데 敵은 또한 이隱居地를 探知하였다. 놈들이 이번에는 서울四大警察署에 非常召集令을내려서 總動員하고 總指揮로 馬野警察部長 副指揮로 藤本保安課長等이 出動하여 同月二十二日 午前五時半 千餘武裝警官隊가 孝悌洞一帶를 첩첩包圍하고 一齊攻擊을 開始하였다. 烈士는 이날도 單身으로 二挺의拳銃을 兩손에쥐고 接戰 實로 三時間에 栗田警部以下 數名을 殺傷하였다.

그리고 彈丸이없어지니 最後에남은 一發로, 고요히 祖國의前途를 祝願하면서 愛銃을 가슴에 겨누고 恨많은一生 三十四歲를一期로 깨끗이 自決하였다.

獻　　詞

（金相玉烈士의　遺芳을　追慕하여）

貧門의　忠孝라는　옛말　그대로
낮에는　대장간에서　쇠망치로　일하고
밤에는　등잔불로　글공부하고
가난한　學生위해　夜學校　門도　열다

日帝商品이　洪水처럼　밀려　들어
民族의　핏땀의　돈을　말리자
日貨排斥의　國産品愛用으로
말총帽子까지　만들어서　머리부터　씨우다

三一運動의　熱이　흐지부지　꺼지자
暴壓에　꺼진　불을　다시　피워서
원수의　魁首들을　暗殺埋葬하려다
첫번에　失敗하자　上海로　亡命再謀

一九二一年　七月에는　軍資金　募集으로
國內에　神出했다　國外로　鬼沒했고
十二月에　또다시　서울로　潛入하여
사랑하는　雙拳銃과　爆彈으로　노리다

鍾路警察署에　爆彈맛을　보이고
三坂洞　숨은　곳이　敵에게　包圍되자
雙拳銃의　名技로　몇놈을　殺傷하고
白雪덮인　南山에서　飛虎처럼　사라지다

장삼　늘인　중으로　감쪽같이　變해서
悠悠히　金剛山으로　몸을　피한　烈士는
대담하게도　또다시　擧事하려고
서울로　들어와서　때만　기다리던中

敵도　또한　눈이　날카로워서
千餘名　武裝隊로　숨은집　攻擊하매
警部以下　數名을　殺傷한　끝에
한방　남은　총알로　自決하여　殉國하다

金相玉　烈士

THE TONG-A DAILY, SEOUL （木曜日） 大正十二年三月十五日 （第三種郵便物認可）

東亞日報

外號

銃殺의 因으로 銃殺의 果를 結한
癸亥劈頭의 大事件眞相

主謀者 金相玉 이 被殺된 以後
連累者 八名은 被捉되야 起訴

被殺者는 金相玉

金相玉의 指揮에 依하야

이記事는 全然 敵의立場에서 쓴것은아니나 敵의 發表를訂正할自由가없어 被殺이라고한듯하다. 그러나 金相玉烈士는 自決한것이事實이다. 右便寫眞은 金烈士의擧事를 陰으로陽으로 도와준 거룩한어머님이다.

不平滿滿의 三十四星霜
巡査銃殺까지의 金相玉

捕手의子로 蹄鐵工에、基督信者로 放蕩兒에
已未連動后獨立宣傳、庚申夏에 暗殺團組織

羅錫疇烈士 略傳
****

倭 大正皇이 죽고 裕仁이 들어앉았다고 敵의 무리는 善悲 두판으로 들썽거리었었 다. 때는 四二五九年 敵의 年號로 大正十五年 十二月二十八日 午後二時五分, 우리나 라 搾取의 伏魔殿 서울 東洋拓殖會社에 한 異常한 靑年이 나타났다. 中國옷을 입고 말도 中國사람이 朝鮮말을 하듯하는 靑年은 守衛에게 이 會社에 李某라는 사람이 있는가 물었다. 守衛가 그런사람은 없다고하니 靑年은 곧 발길을돌려 南大門通으로 나가서 殖産銀行의 一般通用門으로 들어갔다. 年末이라 銀行은 全職員이 눈코뜰사이 없이 바빴다.

靑年은 貸付係鐵棚앞으로 가서 爆彈한개를 집어던지고는 뒤도 돌아보지 않고 銀 行을 나와서 다시 아까갔던 東拓으로 들어갔다. 正門에 들어서자 守衛책상에서 무 엇을 쓰고있는 朝鮮副業協會雜誌記者 高木吉江을 拳銃으로 射擊하여 쓰러트리고 二 層으로 올라가는 層階에 발을 드디었을즈음, 아래층 食堂에서 이소리에 놀라여 뛰 어나와 따라올라오는 同會社員 武智光을 쏘아 거꾸러지는것을 보고 猛虎같이 二層 으로 올라갔다. 土地改良部技術課長室로 나는듯이 들어가서 同課次席 大森太四郎을 쏘아 그자리에서 일어나지 못하게하고, 또 그옆에 앉았던 同課員 綾田豊에게 한방 을 쏘았다. 銃彈이 책상에 맞자 綾田이 문을 박차고 밖으로다라나려 하는것을 뒤 를 쫓아가며 發射하여 層階에다 넘어뜨렸다. 다시 技術課로 들어가서 성낸 獅子처 럼 拳銃을 휘둘러 亂射하고, 爆彈한개를 꺼내던졌다. 그리고는 올라오던 層階로 내 려가서 밖으로 나가 朝鮮鐵道會社로 들어갔다. 正門안에 들어서자 同會社守衛 松本 筆一과 그때마침 時計값을 받으러와서 松本과 이야기하고있던 龍山天眞堂 時計店員 今井悅三에게 각각 一發식 쏘아 致命傷을 입히고 밖으로 나왔다. 黃金町길거리로 발길을 옮길즈음 바로 그때 正服을입은 京畿道警察部警部 田畑唯次가 걸어오는 것 을 본 靑年은 또한방을 쏘아 當場에 即死케하였다.

殖銀과 東拓에던진 爆彈은 폭발하지 않았으나 拳銃射擊으로 死亡者三名 重傷者四 名을 내어 黃金町東拓근변 一帶를 순식간에 아우성으로 진동케하고 피로물들여 놓 았다. 이急報에 驚愕한 倭警은 騎馬隊까지 出動하였으나, 靑年은 倭警의 逮捕를 받 기전에 拳銃으로 자기의 가슴을 쏘아 길가에 쓰러져서 고요히 눈을감았다.

아―그러면 그 靑年은 누구였던가? 그가바로 우리獨立血鬪史上에 燦然히 빛나는 羅錫疇烈士였다.

烈士는 四二二五年(西紀一八九二年) 黃海道載寧郡北栗面南芝里에서 羅秉憲氏의 長男 으로 誕生하였다. 載寧明新學校二學年修業後, 農業에 從事하다가 倭敵討滅의 大志를 품고 二十三歲때 間島로 떠났다. 거기서 四年間軍事訓練을 받고 二十七歲때 歸國하 였다. 黃海道兼二浦에서 表面 商業을 經營하며 敵情을 살피던중, 二十九歲때 己未獨 立運動이 일어나매 同志를 叫合하여 上海臨政에 軍資金을 調達하여 보내는 한편, 決死隊를 組織하여 平山郡上月面駐在所倭警과 上月面長을 銃殺하고 다시 安岳郡某富 豪를 射殺하자, 이事件으로 警戒가 嚴重하게되매 上海로 건너갔다. 거기서 臨政警務 局警護員으로 活動하다가 邯鄲軍官學校를 卒業한후 中國軍隊에서 將校로 服務하고, 保定陸軍講武堂에 잠시 籍을 두었다가 當時 奉直戰關係로 退學하였다. 天津으로 가 서 同志들과 國內侵入工作을 相議決定한후 威海衛로부터 仁川上陸 서울로 들어왔다 그리하여 攻擊目標를 細密히 調査한다음 單身으로 殖銀과 東拓게 突擊하여 敵의肝 膽을 서늘하게 하였던 것이다.

獻　　詞

（羅錫疇烈士의　遺芳을　追慕하여）

　　　靑春의　피와　光復의　꿈으로서
　　　異域에　亡命하여　닦은　銃擊神技로
　　　시골　倭警과　反逆小輩들에게
　　　大擧의　練習삼아　제명을　笑殺하고

　　　敵皇　大正이　죽은　섣달　그믐께
　　　놈들이　슬퍼하고　또　바쁜　대목에
　　　우리의　靑年烈士는　武器를　품고
　　　長安이　좁어라고　白晝에　나타나다

　　　民族의　피와　떠을　알기는
　　　搾取妖術　부리는　伏魔殿으로
　　　대담한　우리　靑年烈士는
　　　이正門　저正門으로　悠悠히　年末訪問

　　　紙錢뭉치가　산처럼　쌓인　殖産銀行아
　　　"이爆彈　한방으로　설맞이　하라!"
　　　그리고　東洋拓殖會로　가서
　　　一層　二層에서　拳銃과　爆彈의　洗禮

　　　닦치는　왜놈마다　빵!　빵!
　　　덤비는　왜놈마다　빵!　빵!
　　　피흘리는　悲鳴을　퍽퍽　웃으며
　　　"우리　財物로　부른　배야　터지라!"

　　　그길로　달려간　세번째의　訪問은
　　　우리　資源을　실어　가는　鐵道會社로
　　　거기서도　도놈을　빵　빵　쏘고
　　　나오는　路上에서도　警部놈　卽殺!

　　　가슴이　섬뜩해진　敵들의
　　　騎馬隊까지　出動하여　겹으로　싸자
　　　하늘　보고　껄껄　웃은　靑年烈士는
　　　냅총으로　가슴　쏘고　路上에서　눈감다

羅錫疇　烈士

東亞日報

外號

京城府光化門通一三九番地
發行所 東亞日報社

白晝突發한 近來初有의 大事件

東拓과 殖銀에 爆彈을 投擲
拳銃을 亂射하야 一擧에 七名 狙擊

昨年十二月廿八日午後二時黃金町의 一大慘劇

脫出한 犯人은 街上에서 自殺

為先 殖銀에 一彈!

突發直前의 殊常한 中國人

第二次로 東拓突入
上下層서 六名 狙擊

出其不意의 猛烈한 射擊

犯人은 載寧出生
卅五歲의 羅錫疇

共犯으로 李成忠 義勇指目
系統은 李寅忠 勇獨行
前後擧事單身獨行

東拓現場圖解說

街頭에서 警部射擊
다음은 自己 胸中

自殺하던 瞬間의 말못할 光景
仰天仆地한 犯人의 最後

暗憺한 現場
鐵桶가튼 警戒

被害者의 經過

宋學善義士 略傳
****

總督齋藤實의 목숨을 한칼에 끊으려던 昌德宮金虎門前의 義血靑年宋學善義士의 本籍은 서울天然洞이요, 居住는 京畿道高陽郡延禧面阿峴北里였다. 四二二六年(西紀一八九三年) 극빈한 家庭에 태어나서 그때벌써 그의 運命이 作定되었든지 이 娑婆의 갖은 苦生을 다겪고 자라났다. 普通學校도 채못마치고 十三歲때 一家가 離散하는 慘境에 이르게되매 義士는 정처없는 放浪의길을 더듬었다. 그는 어린 가슴을 부둥켜안고 눈물인들 그얼마나 흘렸을것이냐! 十七歲때 서울南大門路 戶田農具會社에 다니면서 兩親을 모시고 零細한 보수로 그날그날을 糊口하였다.

歲月은 흘러 倭敵이 이彊土를 유린한지 어느덧 十餘年 놈들의 橫暴은 날이갈수록 甚해갔다. 倭敵에對한 怨恨이 骨髓에 맺히어 하르빈驛의 安重根先生을 衷心으로 崇拜하고 굳게 뜻을세운것은 그가 三十이 지난 때이었다. 四二五九年(西紀一九二六年) 三月 그는 뜻한바를 그여이 完遂하려고 西洋칼 한자루를 求하였다. 이것을 며칠을두고 갈아서 날카롭게 하여놓고 齋藤의 動靜을 살피던중 純宗이 昇遐하시였다. 四月二十六日 義士도 昌德宮으로 가서 다른 群衆과같이 望哭하고그, 그이튿날은 칼을 품에품고 昌德宮敦化門앞으로 갔다. 齋藤은 반드시 昌德宮에 出入하려라고 믿었던 까닭이다. 그러나 이날은 齋藤같은 人物은 發見하지 못하였다. 또 그이튿날 即 二十八日 다시 金虎門앞에 이르러서 機會를 엿보고 있었다. 午後한시쯤 되어서 倭人三名이 란 自動車가 쑥―昌德宮안으로 들어가더니 얼마후에 되돌아서 金虎門으로 나왔다. 가운데 앉은者는 몸이 몹시 뚱뚱하였다. 옳다 이놈이 齋藤이로구나하고 직각하자 곁에선 어떤이가 혼자말로 역시 齋藤이라고 중얼거렸다.

義士는 때를놓치지않고 昌德宮警察署 앞에서 飛虎같이 自動車에 뛰어올라 가운데 앉은 뚱뚱한者의 가슴과배를 찔르고 또 옆에 앉은者의 목과배를 찔러 即死케한후 車에서 뛰여나려 자취를 감추려하였다. 그때 警察部巡査 藤原經一과 西大門署巡査 吳弼煥이 잡으려고 덤비는것을 닥치는대로 두놈을 찔러 吳를 그자리에서 쓰러지게 하였으나, 不幸히도 칼을 떨어트려서 敵의捕虜가 되였다. 그런데 먼저말한 뚱뚱한者는 齋藤이 아니라 그때 京城吉野町에 살던 佐藤虎太郎이고 即死한者는 역시 同町에 살던 高山孝行이었는데 義士는 그 뚱뚱한者를 齋藤實로 誤認하였던 것이다. 비록 齋藤은 못죽였다 할지라도, 놈들이 모두 昌德宮에 出入하는 地位있는 놈들이었으니 朝鮮壓迫의 凶物임에는 틀림없을 것이다.

敵의 法廷에서 "被告는 어떤主義者인가? 思想家인가?"하고 敵의判官이 물었을때 義士는 "나는 主義者도 思想家도 아니다. 아무것도 모른다. 다만 우리나라를 强奪하고 우리民族을 壓迫하는 놈들은 百번죽여도 마땅하다는 것만은 무엇보다 잘알고 있다. 그러나 總督을 못죽인것이 저승에가서도 恨이되겠다"고 엄숙한말로 대답하였다. 이 얼마나 純眞한 心情이냐! 이리하여 義士는 高等法院까지 上告하였으나, 가시성을 더듬은듯한 苦難의 三十四歲를 一生으로 敵의손에 死刑執行을 當하였다. 때는 四二六〇年(西紀一九二七年) 五月十九日이었다.

獻　　詞

（宋學善義士의　遺芳을　追慕하여）

집이　가난한　少年때부터
日人會社에서　잦은　압제　받으며
어린　마음에도　나라　없는　슬픔에
원수　갚을　決心을　뼈에　사기다

安重根義士를　오직　崇拜하면서
그壯烈한　擧事를　본받으려고
밤낮으로　벼르고　벼른　죽일　目標는
伊藤博文의　後身인　齋藤實總督

一九二六年　純宗이　돌아가셔서
國運　또　슬퍼하는　울음소리　높을때
主人　잃은　昌德宮의　봄꽃도　넋이　없는
敦化門에　엎드려　呼天望哭한　뒤에

이틀밤을　새우는　一片丹心은
報國短刀　한자루　갈고　또　갈아　들고
四月二十八日　金虎門　앞으로　가서
원수놈　만나기만　눈빠지게　기다리다

때마침　宮에서　나오는　自動車안에
가운데　버티고　앉은　뚱뚱보를
總督으로　빗보아　"내칼　맞으라！"
飛虎처럼　덤벼서　두놈을　殺傷했으나

덤버드는　日警놈　질려　눕히고
또　한놈　찔르려다　칼을　놓쳐서
맨손의　勇士는　원통하게　잡히다

死刑宣告　내리는　公判廷에서
"總督놈　못죽인게　오직　恨이다！"
그말　한마디　泰然하게　남기고
三十四歲　젊은　목숨　나라앞에　바치다

宋學善　義士

敵의 法廷에 선 宋學善義士

◇金虎門前事件昨日午後一時解禁◇

短刀携帶하고自動車襲擊
二名을狙擊巡査와擊劍
放銃拔劍後艱辛히逮捕
——자동차우에뛰여올라두명을쏘르고
경계망중에서수십군경과격검까지——

【警務局發表要旨】

電光같치襲擊
石火따치避身
【同乘하얏든池田長次郎氏談】

總督暗殺을計劃하고
巡查等四名을殺傷한
金虎門事件第一回公判

公判前의法廷內外

事實審問
犯行動機陳述

玉洋木上下衣에
泰然한宋學善
——裁判廷에親族은涕泣——

檢事死刑求刑

白冶 金佐鎭將軍 略傳
****

四二二二年(西紀一八八九年) 忠南洪城郡高道面上村里에서 金衡圭氏의 둘째아들로 出生하였다. 名門巨族으로 五代째나살아오던 아흔아홉간집에서 出生한그는 세살때에 嚴父와死別하고, 七八歲때에는 洞里아이들과 집안下人들을모아놓고 병정놀이를시키며 말타기練習을하여 洞里사람들을 놀라게하였다. 十五歲에이르자 부근洞里에 五十餘戸나살고 있던 자기집奴僕들을 불러다가 종文書를 내어주고 전부自由의몸을 만드러주었다. 이와同時에 二千餘石받던田畓도 作人에게 無償分配하여주고 그매벌써 土地改革을 斷行하였다. 孫吳兵書와 六韜三略을배우고 劍舞를배워서, 十七.八歲때에는 이에대항하는사람이 없게되였고, 비위에틀리는 동무에게도 號令한마디로 屈伏시킬지언정 決코주먹을쓰는일은없었다. 말타기에能하여 말위에서 서고눕고 말배에붙어가는등 自由自在로 몸을 갖었고, 劍術로자기가탄말까지 危險을막는 재조를갖었으며, 勇力絶倫이어서 그가탄말이 잔혹깊은내를만나 건너지못할때에는 말을한팔로 번쩍들고 뛰여건넌적도 있었다한다. 서울로와서 韓國武官學校를卒業하고 五星學校의 校監으로있었으며, 盧伯麟 尹致晠氏等과 깊이사귀였고 朴尙鎭氏等과 光復團事件에關聯되어 獄中에서三年을보내였다. 出獄後 "男兒失手難容地 志士偸生更待時"란 잔단한詩를남기고 間島로건너가서 三一運動直後 吉林省汪淸縣에서 徐一 羅中昭 李章寧等諸氏와 北路軍政署를 組織하고 그總司令으로 活躍하였고, 士官練成所를設置하여 李範奭氏等과 優秀한 우리獨立軍幹部를 養成하였다.

四二五三年(一九二○年) 九月 羅中昭 李範奭等 諸氏와더불어 저有名한 靑山里戰役에서 倭敵大軍을擊滅하여 永遠不朽할 功을세웠다. 靑山里戰役後 우리獨立軍을 이끌고 露領虎林으로 들어가서 靑山里戰役의 勇士들로하여금 다시 倭敵討滅의中樞를 삼으려하였으나, 아까웁게도 複雜한國際問題로 말미암아 일단 우리獨立軍을 解散하였다. 그러나 그것으로 雄志를挫折할 將軍은아니였다.. 다시 滿洲로나와 中東線小芬河에서 武官學校를 設立하고 피끓는 우리士官을養成하여 敵의心臟에 비수를겨누었고, 그후 金爀等諸氏와 新民府를 組織하여 總司令으로 勇名을날리던중 一代의名將도 刺客의毒手를만나 四十一歲를一期로 一生을마치니, 때는四二六二年(西紀一九二九年)十二月二十五日이였다.

靑山里戰役略記

四二五三年(西紀一九二○年) 東北滿洲에있는 韓國獨立軍武裝部隊는 그數가 數萬에達하고 民衆組織도 날로堅固해지니 東京은恐怖를일으키고 우리獨立軍討滅을 決心하였다. 同年八月末 行動을開始하여 우리獨立軍을 兩方으로 進攻하였으니, 한편으로는 一個師團을 派遣하여 시베리아(그매 놈들은 시베리아에出兵하였다.)로부터 張鼓峰부근을 經過하여 南下케하고, 또한편으로는 一個師團을 羅南으로부터 圖門江을건너 北上케하였다. 그매 東北滿의 우리獨立軍主力으로는 李靑天將軍이領導하는 西路軍政署와 金佐鎭將軍이領導하는 北路軍政署가있었는데, 이北路軍政署의根據는 吉林省汪淸縣西大坡溝에두었다. 이汪淸縣西大坡溝를노린敵은 突然 中國當局을 협박하여 中國兄弟들로하여금 우리獨立軍을 討滅시켜려하였다. 아에中國當局은 할수없이 討滅軍을組織하여 우리에게進軍을 開始하였다. 그러나中國軍은 攻擊態勢를僞裝하고 우리에게 다른곳으로 移動하도록勸하였다. 우리軍은 當時의中國으로서는 倭敵의要求를 拒絶할수없는 困境을理解하고, 우리民族의 歷史的聖地인 長白山中으로 들어가서 좀더實力을 强大히하려고 原來의根據地를出發하여 行軍을시작하였다. 途中 吉林省和龍縣靑山里(이靑山里를 三道溝라고도부른다.)에 이르렀을때 여기서敵의大軍을만나 靑山里의激戰이 展開될것이다. 우리軍은 먼저便依隊에게 偵察시켜 敵의兵力을 正確하게알았다. 그리고 敵이머물러있는부근의 韓僑로하여금 우리軍의兵力은 極히微弱하고 鬪志도없다는것을 알려주어서 敵으로하여금 우리軍接을輕視하게하였다. 그리하여 우리軍은 두中隊를練成하여 第一中隊는 金佐鎭將軍이 直接指揮하고 第二中隊는 李範奭將軍이指揮하였다. 敵은靑山里를 三面으로包圍하고 一擧에우리軍을 殲滅시키려는것이였다. 우리軍의兵力이 보잘것없다는 말을들은敵은 騎兵隊一部를가지고 대담하게 아무抗拒도받지않고 靑山里부근白雲坪을 占領해버렸다. 우리軍은白雲坪前方森林地帶에 埋伏하고있었다. 이森林地帶는 天然的으로된 鞏固한防禦地였다. 우리軍은 이天然的防禦地를 利用하고 一齊히行動을 개시하였다. 여기에 埋伏하고있는것을 꿈에도모른敵은 前衛部隊全部를 覆滅당하였다. 그러나敵은 全軍이 영 覆滅된것은 아니다. 그들은 다시戰鬪를 계속하였다.

이때 金佐鎭將軍은 李範奭將軍이 指揮하는 第二中隊에 命令을내리었다.

1. 鳳尾溝로부터 들어오는敵은 約한時間後면 到達될모양이고 우리들의退路를 遮斷당할 危險이있으니, 우리軍은 二道溝方面으로 撤退할것.

2. 第二支隊는 原陣地에서 抗戰을계속하고, 第一支隊를 掩護하여 戰場에서 脫出시킨다음 撤退할것.

3. 第二支隊는 오늘밤두時前으로 甲山村(지금의戰場에서 約百六十里떨어진곳)에 到達해야할것.

이리하여 얼마후 우리軍은 勝利의撤退를하고 그날밤 두시四十分에 甲山村에 이르렀다. 여기서 金佐鎭將軍과 羅中昭參謀長과 李範奭將軍은 作戰을計劃하고 새벽을기다려서 "泉水坪"의敵을 攻擊하기로 決定하였다. 이泉水坪은 韓僑의村落인데 敵의騎兵部隊가 駐屯하고있었다. 午前五時 우리는 武器란武器는 모조리 敵의集團에 總集中하여 攻擊하였다. 이戰鬪로 가는곳마다 屍體와 죽은말이 쓸어저있고 곳곳에 傷兵과傷馬가 즐비하고 倭軍의 누른빛軍服은 온洞里에 깔리우고, 얼음과서리로 銀世界를 이루었던 泉水坪은 不過몇時間에 붉은피의世界로 변하였다. 이싸움에 島田中隊長以下 騎兵一百二十名中 四名이 도주하였을뿐 全部가 殲滅되었다. 우리편은 戰死二名 重輕傷十七名을내었다. 우리軍은 이戰鬪에서도 이기었다. 뿐만아니라 이다음戰鬪에서도 이길貴重한 자료까지 얻었던것이다. 그것은 島田이가 加納聯隊長에게 보내는 報告文이었다.

"十九師團司令部는 漁郎村에駐屯해있고 島田中隊가 泉水坪으로 온것은 二道溝의 警戒를 擔當하려한것이다"

이얼마나 우리軍에게 貴重한情報이냐! 우리全軍이 敵에게包圍되어 殲滅당할危險에서 救해준 情報이다. 우리軍은 漁郎村前方 馬鹿溝高地로 다름질쳐갔다. 遭遇戰의勝利는 敵보다먼저 中間地區의 有利한곳을 占領하는것이 鐵則이다. 그러므로 頃刻을다투어 馬鹿溝高地를占領하였다. 敵은 全師團의兵力으로 猛烈히처들어왔다. 이싸움이야말로 글자그대로의 血戰이었다. 二萬과二千의比率이아닌가. 敵의砲彈이 金佐鎭將軍의 軍帽를 흘떡벗겨버렸다. 敵의彈丸이 李範奭將軍의軍刀를 두동강이로잘러버렸다. 우리機關銃隊長 崔仁傑氏는 射擊手가 半以上死傷을當하고 機關銃을 실은말이 쓰러지자, 자기몸을 機關銃에다 麻繩으로 묶어놓고 機關銃과運命을 같이할준비를하였다. 激戰가운데 좁은길 한곳을 死守하느라고 다른山봉오리에있던 우리小隊四十名은 그全部가 戰死하였다.

그러나 이싸움에서도勝利는 우리에게왔다. 敵의死傷者 一千餘名 如納聯隊長까지 戰死하였고, 우리편死傷者도 百餘에達하였다.

두晝夜동안 激戰한후 靑山里의血戰은 終末을告하였다. 이戰鬪의主要人物은 總司令金佐鎭 羅中昭 李範奭等諸將軍과 韓根源 金勳 李敏華 李教成 姜化麟等諸氏였다. 이싸움의統計를보면 敵의總動員數가 두師團, 우리편은 非戰鬪員까지合하여 約二千八百餘名 敵의死傷者가 三千三百餘名, 우리편戰死가 六十餘名 死傷者가九十餘名 失踪者가 二百餘名(그大部分은 本隊로 돌아왔다)이었다. 이것은 世界戰史上에 稀有한戰果이다. 失國十餘年에 敵과直接戰爭을하여 처음으로얻은 戰果이다. 우리는 무엇때문에 이겼는가! 끊임없는森林속과 끊임없는山嶺속에서 戰爭을한때문이다. 우리는 언제나 戰鬪에有利한 中間地區를 먼저占領하였기때문이다. 우리에게는 北路軍政署士官練成所의 勇敢한靑年學生들이있었기때문이다. 아一그보다도 우리에게는 亡國十餘年의 大恥辱이있었기때문이다.

日本各地의新聞은 靑山里戰役의 뉴一스를실었다. "……我軍加納聯隊長이 戰死하고 大隊長二名 中隊長五名 小隊長九名外下士以下 戰死傷者九百餘……"이라고. 또 어떤著名한 文學博士는 "金佐鎭이란 어떠한人物인가?"라는 한篇의論文을 發表하였다. 倭軍은 靑山里 정말싸움에는 侮辱을當하고, 빈주먹밖에없는 善良한韓僑를 進攻할때는 勝利를 얻었다. 그리고 敗戰의보복으로 敵은 遼吉兩省에서 一大屠殺運動을 展開하여 우리同胞 三萬餘名을 殺害하였다. 아一우리를찾아야할 놈들과의血債은 綿綿히끊임이없다.

獻　　詞

（白冶　金佐鎭將軍의　遺芳을　追慕하여）

忠淸道巨族의　名門태생으로서
自由思想　先驅의　十五歲　解放志士
五十戶　거느리던　종문서　불사르고
二千石　玉畓조차　小作人에　거저　주다

紅顔　十八歲　날랜　몸으로
말타기　활쏘기로　이름　높았고
孫吳兵法에　귀신같이　통해서
少年將軍　劍舞의　別名이　자자하다

五星校監　시절엔　光復團事件으로
三年間의　獄苦를　몸소　겪었고
志士는　때가　있다고　亡命한　뒤에
間島北路軍司令으로　獨立軍을　기르다

一九二〇年　가을　짙은　滿洲靑山里에서
强强倭軍　二萬名을　맞아　싸울때
將軍의　獨立軍은　겨우　二千名
그러나　一當十으로　大捷한　偉勳이여

敵의　가슴을　서늘게한　勇士들은
一擧光復의　意氣가　衝天했으나
國際陰謀의　원통한　干涉으로
그獨立軍도　隊를　풀고　눈물로　헤어지다

그러나　將軍의　雄志는　쉬지　않고
南滿　中東縣에　武官學校를　열고
新民府를　세워서　싸움을　갖출　무렵
아아　刺客의　兇刄으로　異域冤魂이　되다

白冶　金佐鎭將軍

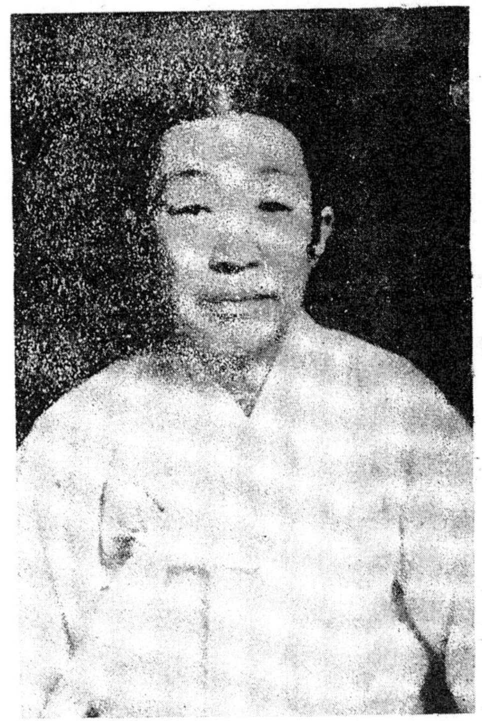

上右는　金佐鎭將軍의 母堂　下는　令室
上左는　靑山里戰役의　李範奭將軍

幼時부터武藝絶人

豪膽과俠氣의四十平生

[一]

◇故白冶金佐鎭種種揷話

— 어릴때부터아이모아전쟁작난 —
오섭여호노복도자유해방햇다

洪城의名門巨族
金衡奎氏第二子

庚戌政變에不平품고

光復團朴尙鎭과關係

[二]

◇故白冶金佐鎭種種揷話

山營月下摩刀客

鐵寨風外秣馬人

[三]

◇故白冶金佐鎭種種揷話

— 눈싸힌북간도벌판에서형틀의저벅 —
밤에장한잠자지안혼전틀의저벅

金佐鎭將軍의筆蹟

여기의新聞記事는 東亞日報 敵年號昭和五年二月치에
서轉寫한것이다

愛史 片康烈先生 略傳
****

四二二五年(西紀一八九二年) 黃海道延白郡鳳西面玄竹里에서 片相薰氏의 三子로 出生
하였다. 代代로 慶北金泉에서 살아오다가 祖父의代에 이르러 移居하였다.

十四歲때 乙巳條約이 成立되매 몇일을 두고 閉門不食하였고, 十六歲때 全國各地에서
討倭復權의 義幟가 蜂起하니, 仲兄富烈氏에게 自身의뜻한바를 披攊하고 當時 有名한
南道의 義兵大將 李康年氏의 陣營을訪問하였다. 李大將은 神奇하게여겨 數日間 겪어보니
果然 出衆한지라 特히 召募將을 삼았다가 充鋒將을 겸하여 一線을 담당케하였다.

十七歲戊申秋에 京城서 倭敵과一戰하려고 兵卒을 이끌고 東海岸을돌아 江陵을經由
하여 近畿楊州에 到着하자, 倭의大軍을만나 三日間 惡戰苦鬪하였으나, 結局 衆寡不敵
으로 慘敗하였다. 數處에 敵彈을맞고 太白山本營에 돌아가서 治療하고 再起를 기다
리던중, 翌年春에 本家에서 이消息을듣고 伯兄壽烈氏가 찾아가서 本家로비리고왔다.

十九歲春에 平壤崇實學校에 入學在學中 地下工作에 心血을 기울였고, 그後 寺內總
督暗殺未遂事件으로 被檢 西大門監獄에 三年在獄하였다. 出獄後 嶺南一帶를 巡歷하며
서 同志를糾合하여 光復會에 如擔하여 決死隊와 宣傳隊를 到處에組織하고 行動하는
한편, 武術과 體練에힘써 많은 우리鬪士를 養成하였다. 三一運動當時 海西一帶에서
指導的役割을 하면서 親弟德烈氏를 上海臨政에 派遣하여 連絡을取하고 獻身活動하다
가 有名한 九月山籌備團事件에 關連되어 海州監獄에서 一年半 服役하였다. 出獄即時
上京하여 朴泳孝 盧心仙 金時漸 金水長等 諸氏와더불어 京鄕各處 倭敵施設의 破壞
를 計劃한후 在滿各團體와의 連絡이 必要함을 깨닫고 三十歲에 渡滿하였다. 刻刻으
로 變動하는 內外情勢에따라 梁起鐸 南正等 諸氏와함께 奉天省懷德縣五家子에서 義
成團을 組織하고 團長에 被選되었다.

이리하여 廣漠한 南北滿洲를 活舞臺로 於是乎 熱과誠과膽을 發揮할基盤을 가지게
되었다. 團員五名으로 長春城內倭人赤十字病院을 襲擊하여 大成果를 얻은 快擧라든지
奉天서는 單七名의部下로 公公然히 白晝大眎에서 七時間이나 市街戰을 展開하여 無
數한 敵屍를 남기고, 悠悠히 本據로 돌아간 專實은 너무나 有名하다.

西路軍政署 統義府 救國團 吉林住民會等團體와 相互連絡하여 積極運動을 推進하였
고, 四二五八年(西紀一九二五年) 上海에 安昌浩 南北滿에 梁起鐸兩氏를 中心으로하여 全
滿洲에있는 여러團體를 統合하려고 不眠不休하던중, 不幸히도 하르빈에서 敵에게 逮
捕되었다.

敵 走拘의 농간으로 先生이 逮捕될때 痛憤을 참지못한 李範奭將軍이 敵의 走拘
노릇을한 金某란놈을 當場에 射殺한것도 痛快한 이야기다.

七年刑을 받고 新義州監獄에 在獄中 脊髓炎의 危症으로 保釋되어 宣川美東病院에
入院加療하였으나 別로 効果는없었다. 그러므로 施設도 具備하고 醫術도좋은 倭人의
千葉病院으로 옮기기를 親知들이 極口勸告하였으나, 죽어도 倭놈病院에는 아니간다하
고 吉林으로 가는途中, 安東 赤十字病院에서 "死後 白骨은 滿洲게 묻어두고 나라를
찾기전에는 故土로 移葬하지말라"는 遺言을 남겨놓고 多恨한 一生의幕을 닫았다.
享年이 三十七이요, 때는 四二六一年(西紀一九二八年) 十二月六日이었다.

歲月은흘러 曬風櫛雨二十餘年 安東縣鎭江山기슭 將軍峯위의 쓸쓸한 무덤앞에는 世
上의 變遷을 아는지 모르는지 "愛史片康烈之墓"라고 새긴 한조각 石碑만이 말없이
故國山川을 바라보고있다.

獻　　詞

（片康烈先生의　遺芳을　追慕하여）

乙巳條約으로　나라가　꾸그럽자
十四歲의　童心도　문닫고　밥　안먹고
十六歲로　義兵이　불길　올리며
募兵과　戰鬪의　先鋒將되다

서울로　攻擊하려던　楊州戰에서
衆寡不敵으로　惜敗하자
十七歲의　피　흘려　傷한　몸으로
太白山에　숨어서　山精氣로　再武裝

十九歲때　平壤의　學生몸으로
寺內總督　죽이려다　獄살이　三年
三一運動때에는　海西地方에서　싸우고
九月山　事件으로　獄살이　또　二年

獄에　한번　갔다가　나올적마다
百折不屈　鬪志는　더욱　굳었고
三十歲때　滿洲로　亡命後에는
義成團　組織하고　團長이　되다

단五名의　同志로　決死隊되어
長春城內의　倭敵을　무찌르고
단七名의　同志로　遊擊隊되어
奉天市街戰　七時間에　凱歌　올리다

그러나　獨立團도　亂立하여서
國外에서　同族이　黨派싸움　일삼자
島山先生　痛嘆의　뜻을　받들고
全滿各派　統合에　끝까지　活躍하다

七年刑　살던　몸이　獄患으로　기울자
異域天涯의　구름에게　遺言하듯
“나　죽거든　白骨은　滿洲에　묻고
나라　찾기　前에는　故國에　移葬마라！”

愛史　片康烈先生

上右는　片康烈先生의春付　相薰氏　上左는
令仲　富烈氏　下는　後繼　忠茂君

吳東振先生 略傳
****

四二二二年(西紀一八八九年) 平北義州郡廣坪面靑水洞에서 出生하였다. 生後半年에 生母韓氏와 死別하고 十二歲때 後母白氏를 만났다. 幼時로부터 抑强扶弱하고 周圍를 統御하는 天稟을 갖았다.

十七歲때 乙巳條約이 成立되매 그때벌첨 敵에 對한 抗拒의싹이났다. 安昌浩先生이 세운 平壤大成學校師範科를 卒業한후 歸鄕하여 鄕里에 日新學校를 設立하고 靑少年 學徒에게 排日思想을 鼓吹하였다. 七.八年後 大成學校가 敵에게 閉門을當하자 大成學校出身인 先生이 經營하는 日新學校도 같은 運命에 부딪혔다. 新義州에서 三一運動에 參加하여 熱烈한 活動을하다가 敵이 逮捕하려하므로 滿洲로 건너가서 寬甸縣安子溝에 運動의本據를 두었다.

여기서의 첫着手가 安秉瓚氏와 더불어 當地三百餘處에 設立되어있는 大韓靑年團을 統合하여 同團聯合會를 組織한 것이었다. 이듬해 李鐸 趙孟善 趙秉準等諸氏와 이靑年團聯合會以外에 戰鬪行動을할 軍隊로 光復軍總營을 組織하고, 先生은 그營長에 就任하였다. 四二五三年(西紀一九二〇年) 李鐸 安秉瓚兩氏와 謀議하고 同年八月 米國議員團一行의 入國을 機會로 國內重要한 敵의官廳과 其他要處를 破壞하고 敵의官憲을 殺傷키를 決議하였다. 同年七月 先生의 指令으로 光復軍總營軍人中 安敬信女史와 林龍日 鄭仁福氏等 十餘名을 選拔하여 그들에게 爆彈十餘個와 各各拳銃을 所持시켜 新義州 宣川 平壤 京城等地로 파견하였다.

安敬信女史一行은 平壤으로 가는途中 安州署巡査宮東宗三郞을 射殺하고 平壤에 들어와서 警察部로充用한 新築建物을 爆彈으로 破壞하고, 鄭仁福氏一行은 新義州驛皆上에 爆彈을던저 一部를破損하고, 林龍日氏一行은 宣川警察署에 投彈하여 爆發시켰다.

四二五五年(西紀一九二二年) 八月 梁起鐸 金東三 玄正卿等諸氏와 協議하여 光復軍總營 軍收署 統軍府 韓僑民團等 우리獨立을 目的한 大小團體를 統合하여 輯安縣大牛溝에서 統義府로 新發足시켰다. 이에 立法 司法 行政의 機關을設置하고 軍事部內에는 數個中隊를 配置하여 統義府軍人은 恒常 敵의 우리國內施設을 破壞할것과 敵의 官憲에對한 軍事的攻擊을 加함을 目的으로하였다. 先生은 이統義府에서 交通部長 또 財務部長으로서 難事인 軍資金募集에 心血을 기울였다. 翌年一月 梁起鐸 李靑天 金東三氏等과 南北滿洲에 散在한 獨立運動團體 卽 統義府 吉林民會 義成團等 十數團體를合體, 一層强力廣範한 正義府를 組織하였다. 그內部는 統義府와 같고 軍事에는 義勇軍을 두어서 恒常 國內에들어와서 敵의主要한 機關과人物을 破壞攻擊케하였다.

四二五八年(西紀一九二五年) 三月 義勇軍第五中隊長 金錫河氏 第八中隊長 鄭伊衡氏는 部下三十餘名과함께 武器彈藥을 가지고 平北道內駐在所 五個處를 襲擊하여 敵警官六名을 射殺하고 二名에重傷을 입힌다음 三八式騎銃等 武器多數를 奪取하고. 同年七月 義勇軍 金光振 李晉武 金承嬅等諸氏는 平北鐵山郡車輦舘駐在所를 襲擊하여 警官四名을 卽死 或은 重傷을입혀 敵의肝膽을 서늘하게하였다.

翌年三月 高麗革命黨을 組織하고, 또 金東三 金錫河 李靑天 玄正卿 等諸氏와 先生等 正義府中央代議員 二十餘名이 會合하여 從來의 正義府綱領을 多少變更하여 左翼運動과도 合流하고 先生은 同府軍事委員長에 司令官을 兼하여, 果敢無双한 活躍을 하다가 四二六〇年(西紀一九二七年) 十二月에 痛憤하게도 敵의捕虜가 되었다.

獨立運動二十年에 언제나 어려운일을 몸소實行하고, 한번도 同志들에게 배반을 당한일이 없는先生, 敵의判官도 그卓越한 人格에 感服하였다는先生, 우리獨立運動史上에 燦然한 한페이지를 차지하는 吳東振先生은 無期刑을받고 服役中 哀惜하게도 獄中에서 世上을 떠났다.

獻　詞

（吳東振先生의　遺芳을　追慕하여）

"務實力行　人格으로　내몸　닦고서
忠義勇敢　精神으로　나라일　하라"
島山先生　가르친　大成學校　나오자
그도　故鄕에서　그런　日新學校　세우다

鴨綠江　푸른　國境물결에
三一運動　悲痛의　피눈물　뿌리면서
"간다　간다　나는　간다"
다시　올날　맹세턴　亡命의　노래

南北滿洲　넘어서　三百군데에
靑年團이　갈려서　派싸움　하느냐고
한개로　뭉치자고　聯合會깃발
光復軍總營도　營長으로　指揮하다

統營府로　集結한　힘　正義府로　强化하고
一當百의　義勇軍　내손발처럼
"敵에게　하루도　銃소리　그치지　마라!"
國內派遣　遊擊隊의　功勳들이여

同志를　親兄弟로,　部下를　내아들로
사랑주고　사랑받은　平生戰友愛
달빛찬　曠夜에　한잔술　나누면서
決死隊　送迎하던　슬픈　노래들이여

獨立血鬪　二十年　春風　秋雨에
寤寐不忘　光復의　꿈　가친　獄中에서
無期刑　呻吟으로　지루하던　밤이여
아아　遺骸로서만　獄門　나온　날이여

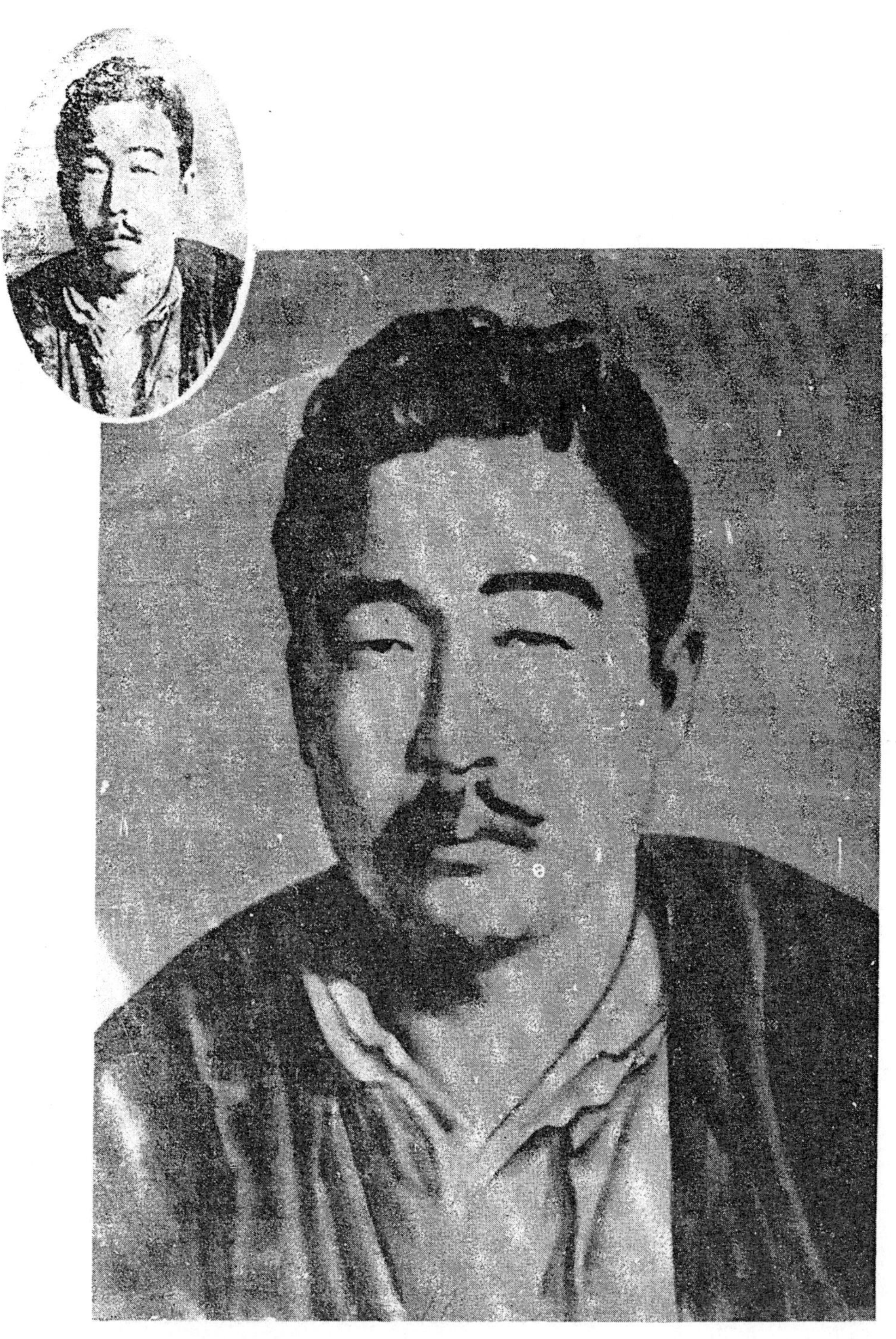

吳東振　先生

○○運動者信望을 一身에集合活動

◇直接殺人은一人도업스나
攻嗾敎唆嫌疑로殺人罪名써지부터公判에
廻附될터이라더라

吳東振事件續報

記錄關係로 公判은明年

于先四氏가自進辯護

金聲遠氏出獄

軍資募集만 六十餘万圓

米國議員團爆彈事件

吳東振又復斷食 一粒不食廿餘日

◇여전히에삼취조는계속◇
每日가티 豫審廷出頭

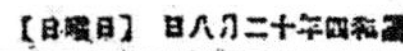

正義府軍事委員長 吳東振의 豫審終結

制令、治安、殺人、放火等으로
◇新義州地方法院合議部公判에廻附

記錄만三萬五千枚

「頭領資格具備 偉大한感化力」

數千部下를領率 五團體組織指揮

부하수천명거느리고 십년간활동
十年間活動의大槪

聖經을耽讀

破獄奪取를計劃 部下가潛入中被逮

金汝英等은豫審中

爆彈事件도 同時에公判

◇斷食으 依然繼續

李奉昌義士 略傳
****

四二三三年(西紀一九〇〇年) 서울龍山에서 李鎭奎氏의 아들로) 태어났다. 집안이 가난해서 열살에야 겨우 龍山文昌普通學校에 入學하고 四年後에 卒業하였다. 十九歲時 龍山停車場에 運轉見習生으로 들어갔다. 虎穴에 들어가지않고는 범을 잡을수없음을 깨닫고, 二十三歲時 奮然히 職場을 버리고 日本大阪으로 건너갔다. 復讐 革命 祖國의解放 이러한 생각을 언제나 가슴속깊이 묻어두고 東京 大阪等地를 彷徨하기 七年, 그동안 어느親友의 紹介로 倭놈의사위가 되라는 말도 있었으나 義士는 단연이를 거절하고, 때로는 飢寒에 시달리고 때로는 勞働도 해가면서 오직 敵情을 探知하기에 힘썼다. 그때 義士는 倭놈의말과 動作에 능난하고 "木下昌藏"이라고 變姓名을하여서 倭人들도 그가 韓國사람인줄을 분별하기어려웠다. 復讐의 機會가 이미 成熟해짐을 깨닫고 단독으로 擧事코저하였으나, 여기서 다시생각한바가있어 平素에 憧憬하던 海上우리臨時政府가있고 獨立運動者가 集中하여있는 上海로떠났다. 그때가 四二六四年(西紀一九三一年) 一月이었다.

上海에 到着하니 사람과 土地가 모두 생소하고 누구를 어떻게 찾아야할지 알수가없었다. 더욱이 言語와 態度에 倭냄새가 풍기니 한때는 우리同胞에게 倭놈의 密偵으로 보이기도하였다. 그러나 英雄은 英雄이 아는지라 金九氏에게 發見되어 비로소 그本色이 알리워졌다. 時日이 지남에따라 金九氏는 그의非凡함을 看破하고 마침내 서로 거리낌없이 胸中을 털어놓게 까지되었다. 이러하여 上海에 到着한지 近一年만인 그해十二月중순에 正式으로 韓人愛國團에 加入하여 日皇을죽일것을 정숙히 宣誓하고 수일후 義擧의 壯途를 떠났다. 해를바구어 그이듬해一月 모래와흙을 몰아치는 비바람이 世上을 덮을즈음 東京櫻田門앞에서 霹靂一聲이 天地를 진동케하였으니 이것이바로 義士가 倭帝에게 던진 폭탄의 폭발소리였고 一世를 驚動케한 東京一•八爆彈事件이었다. 不幸히도 폭탄이 바로맞지않아 倭놈의 임금이 죽엄을 면하였으나 敵의 군중들이 아우성칠때 義士는 그자리에서 가슴속으로 부터 太極旗를 꺼내들고 바람에마추어 흔들며 소리높이 "大韓獨立萬歲"를 세번부르고 조용히 놈들의 체포를 받았다. 그리고 참姓名과 原籍을 똑바로 선포하고 韓人愛國團의 한사람으로서 倭帝를 폭살하려고했음을 說明하였다. 놈들의 法廷에 나가서는 緘口不言이고 審問이 있을때마다 義士는 반드시 다음과같이 준엄한말로 이것을 거절하였다.

"글세 나는 너희들의 임금을 상대로 하는사람인데 너희놈들이 어찌 나에게 無禮한짓을 하느냐" 이런까닭으로 九個月이 지나도록 한번도 豫審을못하고 結局은 저희끼리 어물어물 公判이란것을하여 드디여 四二六五年(西紀一九三二年) 十月十日에 死刑을 執行하였다. 그때 享年이 三十三이었다.

獻　　詞

（李奉昌義士의　遺芳을　追慕하여）

법을　잡으려　범굴로　가듯
원수의　땅에서　七年放浪하면서
그의　國情과　民情을　염탐할제
능난한　日語로　日人의　탈도　쓰다

敵情의　귀잔으로　上海臨政에　가서
그렵던　革命先輩　앞에서
두손에　爆彈들고　가슴에　響矢달고
"내손으로　日皇을　屠殺하리라！"　맹세

때는　一九三一年　八月一日
敵都東京　하늘에　土雨가　자욱
太陽도　빛감추고　숨죽일　순간
敵宮　櫻田門에서　日皇車를　노리다

復讐一念의　火藥채운　義烈彈이
靑天벽력으로　石城은　깨뜨렸으나
惡運거센　元兇의　혼만　빼놓고
아아　天人共愕의　義擧는　水泡

義士의　손에는　太極旗　훨훨
大韓獨立萬歲！　獨立萬萬歲！
미첫듯이　부르고　눈감았다　또　웃고
泰然自若하게　敵에게　사로잡히다

判檢事　審問에도　코웃음으로
暴惡한　拷問에도　끝까지　默秘하고
"나의　상대는　너희들王뿐이다！"
그리고　死刑받은　三十三歲　靑春이여

李奉昌　義士

李奉昌義士가 宣誓하는 光景이다 가슴에는 宣誓文을 붙이고 두손에는 爆彈을 들어 悲壯한 光景을 이루고있다 그렇건만 春風滿面한 그 얼굴을 보라

虎口를 避한 日帝裕仁 右便은 傀儡政府 滿洲國皇帝 傳儀

尹奉吉義士　略傳

****

四二六五年(西紀一九三二年) 四月二十九日 上海在留 十萬이넘는 倭놈들이, 上海事變戰勝의 快感에 도취한가운데 처음으로맞는 倭皇生日의 祝典이 上海虹口公園에서 버려졌다.

이날아침 上海의 一隅에서 두사람의 奇異한 人物이 말을 주고받았으니 한사람은 五十여세의 늙은工人이요, 또 한사람은 三十歲미만의 眉目이준수한 靑年이었다. 늙은 工人은 悲壯한語調로 "君의목숨은 머지않아서 이세상을 떠날것이다. 나는 祖國의光復과 民族의 自由를위하여 偉大한 犧牲者가 되려는君에게 燦爛한 成功이있기를 衷心으로 비는바이다. 단지 最後로 君에게 한마디 하고싶은것은 우리의敵은 倭놈뿐이니, 오늘 이일을 實行함에있어서 決코 倭놈以外의 各國人士에게 害를加치않도록 해달라는것이다. 자一폭탄 두個를주니 한個로는 敵將을 꺼구러뜨리고 한個로는 그대의 목숨을 끊으라" 靑年은 "삼가 가르치심을 遵守하겠나이다. 바라옵건데 先生께서는 나라를 위하사 끝까지 분투하옵소서" 늙은工人은 다시 말을이어 "君이여! 君과 나는 다시 地下에서 만나세" 이에 두사람은 握手를 마치고 서로갈리니 뜨거운 눈물이 하염없이 쏟아저나왔다.

이날의祝典이야말로 글자그대로 一大盛典이었고 그警戒警備야말로 前古未曾有이였으니 機關銃 鐵甲車 大砲 飛行機 탕크車等 武器란武器는 있는대로 내어놓고 威勢를 자랑하였다. 그러나 철통같은 놈들의 警備로도 마침내 한靑年의 위대한精神을 막아낼수는 없었다. 靑年이란 이날아침 늙은工人과 작별한 바로 그사람으로 그는 뜻한 바를 기어이 成功하려고 四月二十七日에 式場인 公園으로가서 모든것을 세밀히 조사하고 虹口로가서 白川大將의사진과 日本국기 한장을 준비하였다. 二十九日 아침 늙은工人과 만난후 폭탄을 장치한 軍用물병을 어깨에 메고 한손에는 역시 폭탄을 넣은 "밴또"를들고 또한손에는 日本국기를 들고하여 公園으로 다름질처갔다. 놈들은 이靑年의 차림에 감쪽같이 속아넘어서 入場을 허락하였다.

慶祝臺위에는 上海駐屯日本文武高官들이 整立하고 慶祝臺아래에는 一般倭놈들이 立錐의 여지가없이 에워싸고 國運의隆盛과 "聖壽"의無疆을 함께 祝賀하고 있었다. 바로그때 午前十一時四十分 靑年의 물병은 높이 慶祝臺위로 날러들어가 그놈이 벽력같은 소리를내며 폭발하였으니, 天地가 진동하고 순식간에 壯嚴한 慶祝式場은 처참한 修羅場으로 변하였다. 日本居留民團長河端은 腸子가 끊어지고 最高司令官 白川義則大將은 全身에 二十四개의 彈片을 맞어서 五月二十六日에 上海에서 죽고 第三艦隊司令官 野村吉三郎中將은 눈알이 튀어나와 失明하였고 第九師團長 植田謙吉中將은 다리를 잘리우고 公使 重光葵는 다리가 부러지고 村井總領事 友野民團書記 이외倭敵의 兵卒과 婦女子五名이 重傷을입었다.

그러면 이靑年은 果然 누구였던가? 아! 그가바로 우리尹奉吉義士였다. 義士는 四二四二年(西紀一九〇九年) 忠南禮山郡德山面柿梁里에서 出生하였다. 어렸을때부터 뛰어나게 총명하여 十五歲때에 能히 漢文으로 詩를 지었으며 十六歲때 日文을 見習하여 一年만에 能히 말을通하고 十七歲때는 鄕里의 無產子弟를위하여 敎鞭을 잡았고 十九歲때부터는 夜學校를 經營하였다. 二十三歲때 倭놈의 虐政과 搾取를 보다못하여 故國을떠나 上海로건너갔다. 上海에 到着하여 처음에는 어느 皮革會社에서 일을하였고 또 虹口市場에서 스스로 조그마한 菜蔬商을 經營하여 그날그날을 糊口하였다. 그후 金九氏를 알게되어 世事를 論해보니 肝膽이 相照하는바가있어 金九氏는 몹시 그를 愛重히여기기였다. 앞에말한 늙은工人이 바로 金九氏였다. 四月二十六日 義士는 韓人愛國團에 入團하여 同二十九日 그의大志를 完遂하고 놈들의 捕虜가되어 四二六五年(西紀一九三二年) 十二月十九日 倭敵의 死刑執行으로 드디어 大義를위하여 조용히 죽엄에 나아가 二十四歲로 一生을 마치었다.

獻　　詞

（尹奉吉義士의　遺芳을　追慕하여）

山도　어진　禮山에　태어난　총명
十五歲에　漢詩잘한　風流의　少年
十九歲에　故鄕文化　꽃피우려고
夜學校　등불　밝혀　스승이　되다

弱冠에　大志　품고　上海로　亡命
가죽工場　工人으로　배추장사로
입에　풀칠하며　生命이은　그몸은
오직　義롭게　죽을　날만　爲해서

一九三二年　四月　二十九日
日皇의　"天長節"　生日祝賀와
上海占領　勝利에　醉한　興으로
虹口公園에서　侵略祭典　크게　열리다

軍國主義　자랑하던　關東軍에선
大砲　飛行機　탱크로　示威하고
警戒는　어마어마　물샐틈　없었으나
軍用물병　型의　爆彈메고　浸透한　靑年

上海는　내세상이라고　어깨춤　추던
十萬日人이　"日章"旗　휘날리며
"聖壽萬歲"의　狂喜聲이　오를제
"慶祝臺"에　선사한　한방의　爆發이여

天罰받고　地獄간　白川大將아
눈알　빠진　野村中將아,　다리　잘린　植田中將아
다리　부러진　重光公使야,　村井領事야
大韓男兒　熱血의　意氣　어떠냐

인제는　죽어도　恨없는　義士
그해　겨울에　死刑의　故魂됐으나
東亞天地에　白雪이　휘덮여도
松竹같은　大節은　久遠蒼蒼하리라

尹奉吉　義士

尹義士는 놈들에게 이렇게 끌려갔다
이 痛憤한 場面에 우리는다시한번 마
음을 굳게하자

金九氏와 尹奉吉義士

上海爆彈犯, 尹奉吉

大阪에서 死刑執行

廿日上陸·大阪衛戍監獄에收容

行刑時日는 아즉 未定

【神戶廿日發本通】 지난四월二十九일 상해(上海)에서 폭탄을던저 백천(白川)군사령관 이하 다수한 고관의인명을 일케한 폭탄사건범인 윤봉길(尹奉吉)(二三)를 태운대양환(大洋丸)은 二十四일오후四시반신호에 입항하얏다 더파헌병대로부터 중촌(中村)경우이하 수명의 경관에게 호위되어 곳 위수문구(玉進門口)로부터 구위수(衛戍)형무소에 수용되엇다고한다

【大阪二十一日發聯合】 二十일오후二시 엄중한 경계리에 상륙한 상해폭탄범인 윤봉길은 군법회의(軍法會議)에서 직결언도로 이미 사형(死刑)을 바덧슴으로 현재 수용된 위무형무소에서 사형을 집행하기로 되엇다는 데 시일은 아즉 미정이라고한다 (사진은 윤봉길)

東亞日報 敵年號 昭和
7年11月22日號에서 複寫

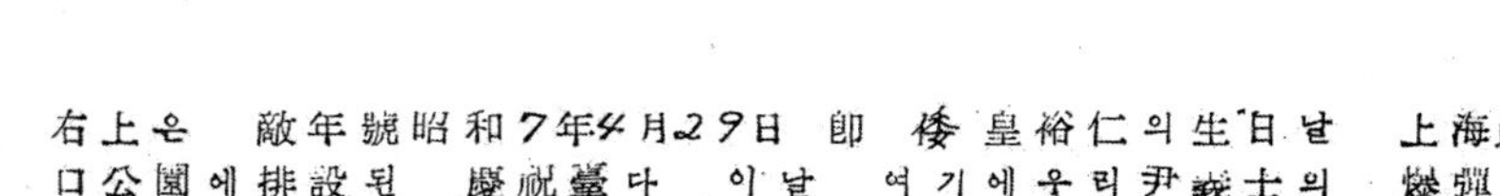

右上은 敵年號昭和7年4月29日 即 倭皇裕仁의生日날 上海虹口公園에 排設된 慶祝臺다 이날 여기에우리 尹義士의 爆彈이 날려가서 벼락같이 爆發하였다 左上은 尹義士의 爆彈에 송장이되어 널속에들어간 白川大將 左下는 다리를잘리운 植田中將

白貞基義士 略傳

＊＊＊＊＊＊＊＊＊＊＊＊＊＊＊＊＊＊＊＊＊＊

李 何 有

先生은 四二二九年(西紀一八九六年) 全北井邑郡永元面穩仙里의 한 貧寒한 農家에서 出生하여 困苦하게 生長하였으나 聰明活達하여 晝耕夜讀으로 四書에 通達하고 東西 政治史에 精通하므로, 日本帝國主義의 侵略下에 呻吟하는 朝鮮現實과 世界資本主義的 侵略을 咀呪하면서 民族前途를 憂慮하는남어지 밤을세워가며 痛哭한것은 그가 十九 歲때였다. 三一運動이 폭발되려할 己未二月에 上京하였다가 이運動이 活潑히 展開됨 을보고 急速히 歸鄕하여 鄕里의 同志들을 糾合하여서 "日本이 朝鮮을 强奪한 것은 結局 淸日 露日 兩戰爭에서 피와 財力으로서 된것이니 우리도 우리의獨立과 自由 를 찾자면 피를 흘리지않으면 안될것이니 同志들은 반드시 武裝待機하자"고 同志 들과 盟誓하였다. 그때에 先生은 二十四歲의 義血靑年이었다. 己未八月에 同志四人과 같이 京城 仁川에 潛伏하여 一大破壞運動을 計劃하다가 事前에 敵의 探知한바 되어 不得已 滿洲奉天地方으로 피신하였다가 翌年겨울에 再次 京城으로 들어와서 資金調 達에 奔走하던중, 이듬해봄에 京城本町警察署에 拘禁되었으나 變姓名에 一鑛夫로 變 裝하고 있었던만큼 本籍과 行跡을 속이어 多幸히 放免되고 다시 京鄕各地를 潛行 하다가 北京으로 건너가서 그곳에다 運動의 中心을두고 國內同志들과 連絡하여 宣 傳破壞兩面의 運動을 劃策하면서 그間에도 五六回를 本國에 出入하였다. 四二五七年 (西紀一九二四年) 여름에 重大使命을띠고 日本東京에 潛入하여 早川水力工事場에 隱 身하고 晴天霹靂의 大破壞를 꾀하다가, 不意의 事件으로 그實現을 보지못하고 九死 一生의 苦難을겪고 그해末에 北京에 歸還하여 朝鮮獨立運動의 理論과方法에對한 硏 究에 精進하였다. 數年來의 運動에서 當時 社會를風靡하던 共産主義運動에對한 不徹 底와 및 運動線上에 나타난 그들의 混亂을보며 그들과 側面鬪爭을 繼續하던 先生 은 三千萬의 自由와平等을 찾고 萬民共勞互生의 理想을 實現하며 國際的으로民族 自主獨立의 主權을찾자던 無政府共産主義가 그 바른길이라고 생각하고, 上海에서 在中 國朝鮮無政府主義者聯盟에 加盟하였다. 四二五八年(西紀一九二五年) 七月에 有名한 上 海總罷業運動이 일어나자 中國同志들이組織한 南華靑年안아키스트聯盟과 連絡하고 縱 橫無双한 活動을하여 十餘萬의 大勞動組織을 만들고, 勞働運動으로서 革命運動이 되 도록 指導하려고 鐵工場에서 職工生活까지 하였다. 四二六〇年(西紀一九二七年) 가을 에 南京上海等의 韓中兩國同志를 糾合하여가지고 福建泉州에가서 閩南二十五縣民團編 練處라는 農民自衛軍을 組織하여 三千五百의 隊伍를整備하고 共産軍과 地方土匪에對 한 守護와 農民自治運動을 展開하였다. 翌年九月에 南京에서 朝鮮 中國 日本 比律 賓 安南 印度等地의 無政府主義者들로 東方無政府主義者大會를 열고 東方無政府主義 者同盟을 組織하였을때, 先生은 朝鮮代表의 一人으로 出席하였다. 四二六三年(西紀一 九三〇年)에 北滿으로가서 在北滿朝鮮無政府主義者聯盟同志들과 連絡하여 自由革命者 聯盟이란 秘密結社를 組織하고 革命意識鼓吹와 民衆訓練에 專心하였다. 四二六五年 (西紀一九三二年) 二月 上海事變直後에 BTP 라는 黑色恐怖團을 組織하고 倭敵에對 한 大破壞工作을 하였다. 翌年三月十七日 有吉明敵駐華大使가 日本政客參謀部員들과 中 國의 親日政客軍人 百餘名을 上海虹口六三亭이란 日本料亭에 招待함을 探知하고 萬 般의 計劃을하고 待機中, 不幸히도 逆襲을當하여 敵의捕虜가 되어 長崎法院에서 無 期判決을받고 收監中 肺의痼疾이 再發激化하여 四二六九年(西紀一九三六年) 五月二十 二日 千秋의恨을 가슴에안고 敵의獄中에서 寃魂이되니 享年이 四十一이었다.

獻　詞

（白貞基義士의　遺芳을　追慕하여）

낮에는　밭을　갈아　잔뼈　굵었고
밤에는　글을　읽어　지혜　밝혀서
東西萬邦　古今의　文化　통하고
亡해　가는　祖國의　運命에　울다

三一運動　싸우고　故國을　떠나
滿洲　亡命客으로　謀事를　할제
洪吉童　變身術의　義血靑年은
敵陣의　水火에도　神出　또鬼沒

平和를　위해서는　몸으로　爆彈
理想鄕에　그리는　꿈의　黑薔薇
슬픈　테로리스트의　아나키즘도
오직　나라만으로　犧牲의　一念

國境없는　人類의　사랑의　꿈은
中國의　同志들과　손을　잡고서
共産黨　무리와도　싸우고　싸워
中華農民自衛隊　旗手가　되다

自由革命聯盟의　黑面義士로
親日分子　數百名　陰謀宴하던
六三亭　伏魔窟　몰살하려다
敵에게　사로잡혀　獄中의　冤魂되다

白貞基　義士

島山 安昌浩先生 略傳

****

四二一一年(西紀一八七八年) 平壤大同江下流 도롱섬에서 一農家의 次男으로 태어났다. 甲午乙未頃에 徐載弼 李承晚 等諸氏가 獨立協會를 組織하여 이會가 뒤에 萬民共同會로 發展하고 愛國啓蒙의 一大運動을 일으키나, 先生은 二十歲의 若冠으로 奮然히 運動에 參加하여 畢大殷氏等과 平壤에 同會關西支會를 開催하고 關西一帶에 名聲을 떨치었다. 二十二歲에 渡美, 鄭在寬 金成武氏等同志와 共立協會를 創立하고 後日 이를 大韓人國民會로 改稱하여 新韓公報等을 發刊하였다. 이 國民會야말로 在美同胞의 保護機關이요 就職斡旋機關이요 勞働組合이요 勸業機關이요 文化向上機關이었다. 第一次世界大戰이 休戰이되자 이 大韓人國民會에서 李承晚博士를 華盛頓에 派遣하여 獨立運動을 開始하였으니 이것은 上海에서 新韓青年黨이 金奎植博士를 巴里講和會議에 派遣한것과 우리獨立運動에 重要한 事實이다. 二十九歲時 美國으로부터 歸國하여 여러同志와 新民會를 組織하고 政治 敎育 文化에 걸쳐 猛烈한 排日救國運動을 展開하였다. 이 事業機關으로 平壤에 大成學校 서울 平壤 大邱에 太極書館 青年學友會 平壤馬山洞磁器會社等을 세웠다. 그宗旨와 組織이 後日 興士團의 繼承한 바의되었다. 失國後 다시渡美, 青年學友會의 後身으로 宋鍾翊 黃恩宣氏等과 興士團을 組織하고 四二五二年(西紀一九一九年)에 先生이 上海로가매 臨時政府의 閣員으로 視務의 餘暇를 利用하여 同團遠東委員部를 組織하고, 純厚着實한 青年을 訓育하였다. 그後 서울에 修養同盟會가 생기고 平壤에 同友俱樂部가 생기니 모두 興士團의 趣旨를 따른團體이다. 뒤에 兩者가 合하여 同友會가 되었더니, 四二七〇年 (西紀一九三七年) 中日戰爭이 나던해에 會員이 總檢擧되는同時에 解散當하였다. 四二五八年(西紀一九二五年)에 中國南京에 東明學院을 設立하고 西洋으로 遊學코저하는 學生의 準備敎育과 아울러 그들에게 바른 人生觀과 民族觀을 啓發해줌에 힘썼다. 四二六二年(西紀一九二九年) 上海에서 金九氏等과 韓國獨立黨을 組織, 四二六五年(西紀一九三二年) 尹奉吉義士가 上海虹口公園게서 日本軍最高指揮官 白川大將等을 爆殺하는 事件이 생기매 先生은 不幸히被逮 서울도 押送되었다. 四年刑을받고 西大門과 大田에서 服役, 出獄二年後에 同友會事件으로 다시 西大門監獄에 投獄되었다. 거기서 獄患으로 保釋되어 서울大學病院에 入院中 四二七一年(西紀一九三八年) 三月十日 六十一歲에 逝去하였다.

島山 先生의 去國歌

간다 간다 나는 간다 너를 두고 나는 간다
잠시 뜻을 얻었노라 까불대는 이 時運이
나의 등을 내밀어서 너를 떠나 가게 하니
간다 한들 영 갈소냐 나의 사랑 韓半島야.

×

간다 간다 나는 간다 너를 두고 나는 간다
지금 너와 作別한 後 太平洋과 大西洋을
건널 때도 있을지요 시베리아 滿洲ㅅ들로
다닐 때도 있으리라. 나의 몸은 浮萍갈이
어느 곳에 가있든지 너를 생각 할것이니
너도 나를 생각하라 나의 사랑 韓半島야.

×

간다 간다 나는 간다 너를 두고 나는 간다
지금 離別 할 때에는 빈 주먹만 들고 가나
以後 成功 하는 날엔 旗를 들고 올터이니
惡風 暴雨 甚한 이때 부디 부디 잘 있거라
後ㅅ날 다시 만나보자 나의 사랑 韓半島야.

獻　　詞

（島山　安昌浩先生의　遺芳을　追慕하여）

1

사람마다　가는길을　아니가든　못하여도
그리쉬이　가실줄은　뜻하옵지　않았더니
하신일도　크고높고　남긴자취　무렸다다
하신일도　깊고맑아　물과산과　같사어늘

2

그의빛이　밝으므로　어둔땅을　비취더니
그의소리　맑으므로　자는무리　깨우더니
맑은일을　누구에게　맡기시고　가시었다
걸모르는　어린우리　어이두고　가시었다

3

삼월하늘　궂은비는　나라위해　펴신눈물
재벽서리　찬달빛은　거룩하온　말씀인듯
몹쓸바람　눈속에도　뿌린씨앗　살았으니
삼천만의　마음밭에　자리마다　엄돋으리

4

용자네의　가슴안에　주신뜨검　끓어올라
화벼강산　우리고장　집집마다　꽃피오니
예시던걸　닦갈으니　자취밟아　걸으리다
두신말씀　맘에심어　물림없이　나가리다

島山　安昌浩先生

安昌浩先生　遺筆譯　먼저　나를사랑하고　그리고　남을사랑하라

4270年봄　同友會事件으로入獄直前　서울嘉會洞　吳鳳彬氏宅에서
右로부터　安昌浩　權東鎭　吳鳳彬　申允國　吳世昌　玄相允諸氏.

京畿道楊州郡忘憂里에있는　先生의墓所. 말없이　서있는　碑石
에는　島山　安昌浩之墓라고　새긴　글자가　아련하게보인다.

獨立宣言書

吾等은玆에我朝鮮의 獨立國임과 朝鮮人의自主民임을 宣言하노라. 此로써 世界萬邦에 告하야 人類平等의大義를 克明하며 此로써 子孫萬代에 誥하야 民族自存의正權을 永有케 하노라.

半萬年歷史의 權威를 仗하야 此를宣誓함이며 二千萬民衆의 誠忠을合하야 此를佈明함이며 民族의恒久如一한 自由發展을爲하야 此를主張함이며 人類的良心의 發露에基因한 世界改造의大機運에 順應並進하기爲하야 此를提起함이니 是 天의明命이며 時代의大勢며 全人類共存同生權의 正當한發動이라 天下何物이던지 此를沮止抑制치못할지니라. 舊時代의遺物인 侵略主義 强權主義의 犧牲을作하야 有史以來累千年에 처음으로異民族箝制의痛苦를嘗한지 今에十年을過한지라 我生存權의剝奪됨이 무릇幾何며 心靈上發展의障礙됨이 무릇幾何며 民族的尊榮의毀損됨이 무릇幾何며 新銳와獨創으로써 世界文化의大潮流에 寄與補裨할機緣을遺失함이 무릇幾何뇨.

噫라舊來의抑鬱을 宣揚하려하면 時下의苦痛을 擺脫하려하면 將來의脅威를 芟除하려하면 民族的良心과 國家的廉義의壓縮銷殘을 興奮伸張하려하면 各個人格의 正當한發達을 遂하려하면 可憐한子弟에게 苦恥的財產을 遺與치아니하려하면 子子孫孫의 永久完全한慶福을 導迎하려하면 最大急務가 民族的獨立을確實케함이니 二千萬各個가 人마다 方寸의刃을懷하고 人類通性과時代良心이 正義의軍과 人道의干戈로써護援하는今日 吾人은進하야取함에 何强을挫치못하랴 退하야作함에何志를展치못하랴.

丙子修好條規以來 時時種種의 金石盟約을食하얏다 하야 日本의無信을罪하려아니하노라. 學者는講壇에서 政治家는實際에서 我祖宗世業을植民地視하고 我文化民族을土昧人遇하야 한갓征服者의快를貪할뿐이요 我의久遠한社會基礎와 卓犖한民族心理를 無視한다하야 日本의少義함을 責하려아니하노라. 自己를策勵하기에急한吾人은 他의怨尤를暇치못하노라. 現在를綢繆하기에急한吾人은 宿昔의懲辨을暇치못하노라. 今日吾人의所任은 다만自己의建設이有할뿐이요 決코他의破壞에在치아니하노라. 嚴肅한良心의命令으로써 自家의新運命을開拓함이요 決코舊怨과一時的感情으로써 他를嫉逐排斥함이아니로다. 舊思想舊勢力에羈縻된 日本爲政家의功名的犧牲이된 不自然又不合理한 錯誤狀態를改善匡正하야 自然又合理한 正經大原으로歸還케함이로다. 當初에民族的要求로써 出치아니한 兩國合併의結果가 畢竟姑息的威壓과 差別的不平과 統計數字上虛飾의下에서 利害相反한 兩民族間에 永遠히和同할수없는 怨溝를去益深造하는 今來實績을觀하라. 勇明果敢으로써 舊誤를廓正하고 眞正한理解와同情에基本한 友好的新局面을打開함이 彼此間遠禍召福하는 捷徑임을 明知할것아닌가. 또二千萬含憤蓄怨의民을威力으로써拘束함은 다만東洋의永久한平和를 保障하는所以가아닐뿐아니라 此로因하야 東洋安危의主軸인 四億支那人의 日本에對한危懼와猜疑를 갈수록濃厚케하야 그結果로 東洋全局이 共倒同亡의悲運을 招致할것이明하니 今日吾人의朝鮮獨立은 朝鮮人으로하여금 正當한生榮을 遂케하는同時에 日本으로하여금 邪路로서出하야 東洋支持者인重責을 全케하는것이며 支那로하여금 夢寐에도免하지못하는 不安恐怖로서脫出케하는것이며 또東洋平和로 重要한一部를삼는 世界平和人類幸福에 必要한階段이 되게하는것이라 이어찌區區한感情上問題리요.

아아新天地가 眼前에展開되도다. 威力의時代가去하고 道義의時代가來하도다. 過去全世紀에鍊磨長養된人道的精神이 바야흐로新文明의曙光을 人類의歷史에 投射하기始하도다. 新春이世界에來하야 萬物의回蘇를催促하는도다. 凍氷寒雪에呼吸을閉蟄한것이 彼一時의勢라하면 和風暖陽에氣脈을振舒함은 此一時의勢니 天地의復運에際하고 世界의變潮를乘한 吾人은 아모躊躇할것없으며 아모忌憚할것도없다.

我의固有한自由權을護全하야 生旺의樂을飽享할것이며 我의自足한獨創力을發揮하야 春滿한大界에 民族的精華를結紐할지로다. 吾等이玆에奮起하도다. 良心이我와同存하며 眞理가我와併進하는도다. 男女老少없이 陰鬱한古巢로서活潑히起來하야 萬彙群象으로더부러欣快한復活을成遂하게되도다. 千百世祖靈이 吾等을陰佑하며 全世界氣運이吾等을外護하나니 着手가곧成功이라 다만前頭의光明으로 驀進할따름이며.

公 約 三 章

一. 今日吾人의此擧는 正義, 人道, 生存, 尊榮을爲하는 民族的要求니 오직自由的精神을 發揮할것이요 決코排他的感情으로 逸走하지말라.
一. 最後의一人까지 最後의一刻까지 民族의正當意思를 快히發表하라.
一. 一切의行動은 가장秩序를尊重하여 吾人의主張과態度로하여금 어듸까지든지 光明正大하게하라.

建國四二五二年三月一日

朝鮮民族代表

孫秉熙　吉善宙　李弼柱　白龍城　金完圭　金秉祚　金昌俊　權東鎭　權秉悳　羅龍煥　羅仁協
梁甸伯　梁漢默　劉如大　李甲成　李明龍　李昇薰　李鍾勳　李鍾一　林禮煥　朴準承　朴熙道
朴東完　申洪植　申錫九　吳世昌　吳華英　鄭春洙　崔聖模　崔　麟　韓龍雲　洪秉箕　洪基兆

„三一運動篇" 이彊土의主權을 日帝에게빼앗기고 十年동안 놈들의鐵鎖에 얽매였던우리는, 斷然 그 鐵鎖를끊고일어났다. 四二五二年 海外의우리鬪士는 巴里講和會議에參席하고, 日京留學生들은 二月十八日에 獨立을宣言하였다. 國內에서는 孫秉熙先生以下三十三人이 獨立宣言書를作成하여 全國各地에보내고, 高宗皇帝의國葬日을期하여 全國到處에서 一時에蜂起하였다. 二百萬의革命群衆이 雄渾凄絶한 進軍을開始할때 死傷者被捕者 十萬이라는 놀라운犧牲者를 내였으나, 그러나 이運動으로하여금 우리民族의愛國心과 民族精神을 世界萬邦에 알리었던것이다.

編者附記 三一運動篇에들어간 新聞記事는 全部 敵의機關紙 每日申報에서 轉寫한것이니 讀者는 特히參酌하여 읽어주기바란다.

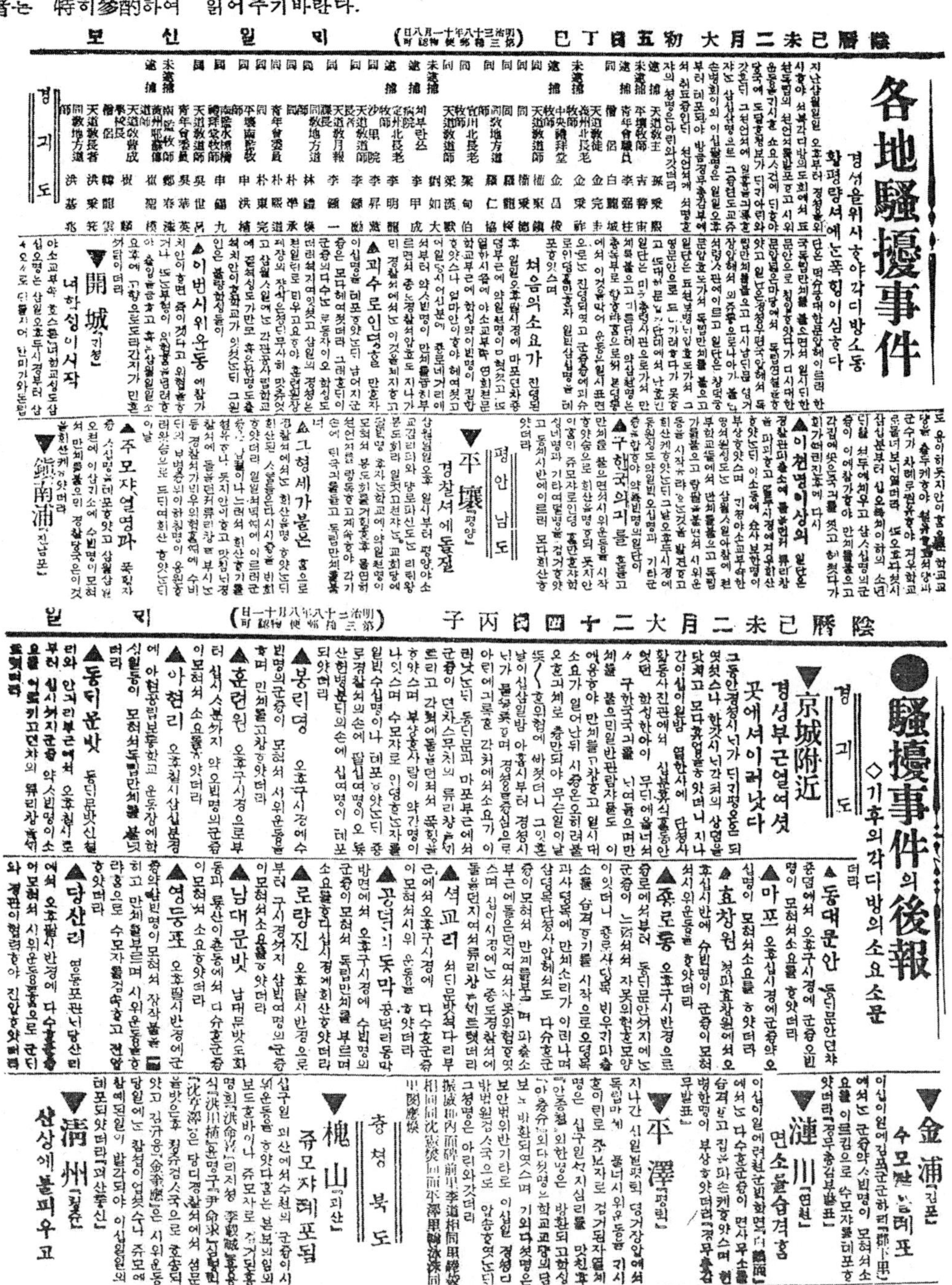

보 신 일 미 （明治三十八年八月十一日）

陰曆 己未 二月 大 初五日 丁巳

各地騷擾事件

경긔도

◆開城（기정） ▼鎭南浦（진남포） ▼平壤（평남） ▼경찰서에돌절

騷擾事件의後報

◇기후의각디방의소요소문

경긔도

▼京城附近 ◆京城에서이러낫다

▲동대문안 ▲마포 ▼漣川（연천） ▼金浦（김포） ▲종로동 ▼平澤（평택） ▼槐山（괴산）충청북도 ▼淸州（청주）

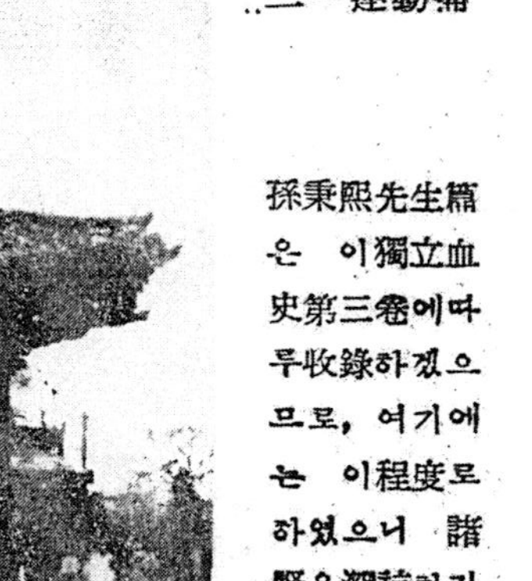

..三一運動篇

上은 日帝强占十年만에 처음으로太極旗를 휘날
린己未年三月一日 當時의獨立門、感激의太極旗가
아렴풋하게보인다. 아ー그날그때 그 누구가닳았
던가?
右上은 孫秉熙先生과 그해三月一日 서울處處에
서 萬歲부르는光景
右下는 己未年當時 맨처음萬歲聲을올린 서울과
그다公園內의八角亭

孫秉熙先生篇
은 이獨立血
史第三卷에따
루收錄하겠으
므로, 여기에
는 이程度로
하였으니 諸
賢은深諒하라.

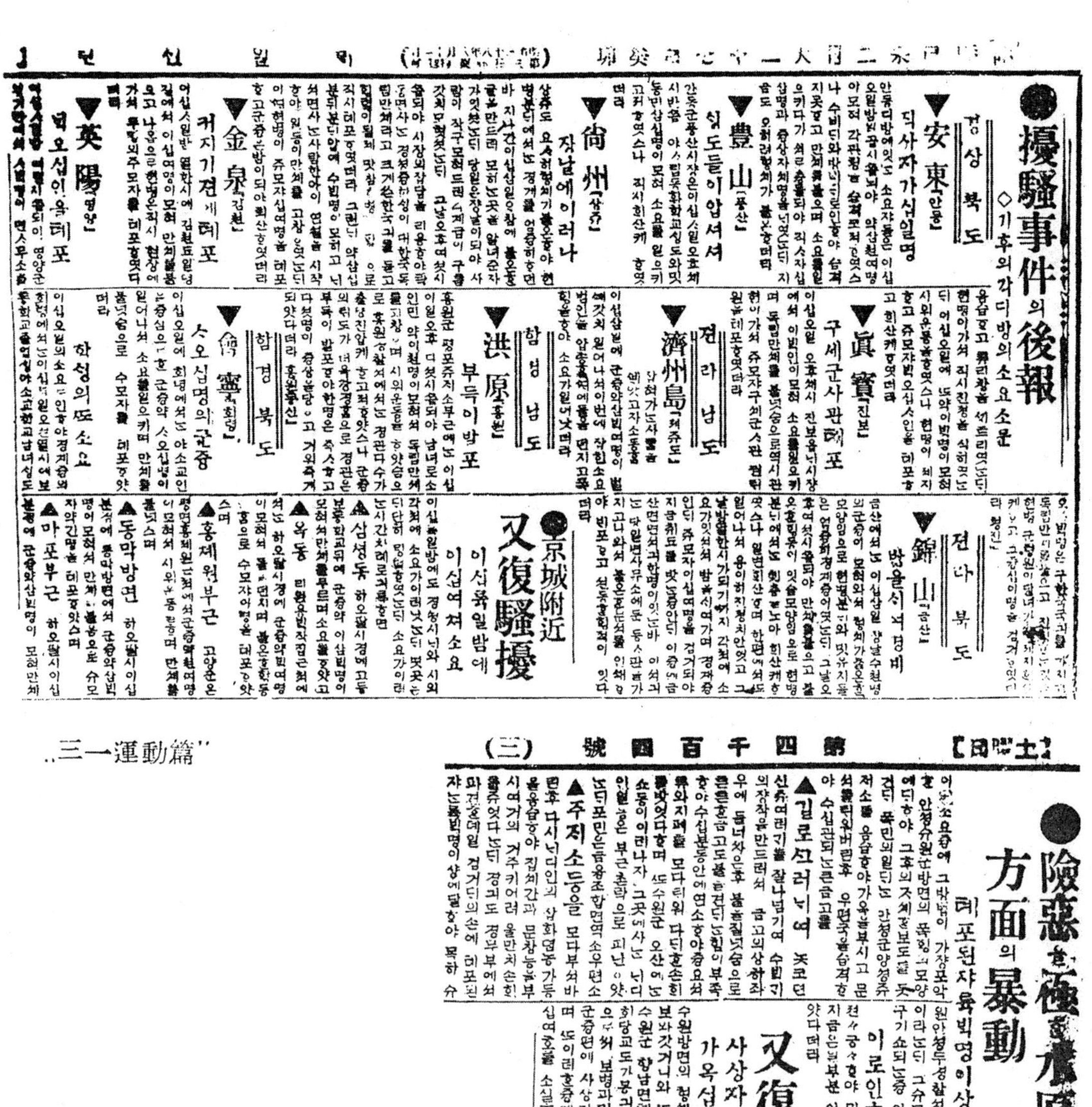

● 擾騷事件의 後報

◇가후의 각디방의 소요 소문

▼ 安東 [경상북도]

▼ 眞寶 [진보]

▼ 豊山 [풍산]

▼ 尙州 [상주]

잣날에 이러나

▼ 濟州島 [제주도]

▼ 洪原 [함경남도]

▼ 金泉 [김천]

▼ 英陽 [영양]

● 京城附近 又復騷擾

● 險惡을 極호 亰原 方面의 暴動

▲ 길로 쇠러누녀 又復暴動

사상자가 이십여명 가옥 섭여호 소실

● 慘虐호 暴動의 眞狀

▲ 진압홀 방척

●騷擾事件의 後報

◯ 各地에서 다시 이러난 소요

▼全州
▼光州
▼羅州
▼鐵原

●騷擾事件의 後報

◯ 各地에서 다시 이러난 소요

▼水原
▼利川
▼開城
▼楊州

▼咸陽
▼固城
▼晉州
▼金堤

敵이 쓴 新聞記事니　讀者는 特히 參酌하리

豫審終決

孫秉熙等四十七名

內亂罪로 決定

作일일다 방법위에녀고 뜨법원으로이 판되얏다

一審으로써 終審

控訴上訴는 不許

永島主任判事談

主文

罪狀

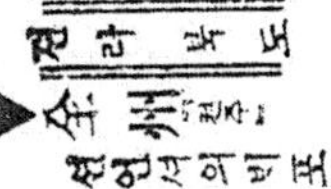

被告의 魁首 손병희

三一運動篇

痛憤痛憤　切齒切齒
己未年三月一日　우리나라의 獨立을 萬邦에 宣言
할 때　倭敵은　우리겨레를　이렇게 虐殺했다
同胞여　兄弟여　姉妹여　이　骨髓에 맺힌 怨恨
을 풀길은　다같은 피를 받은　우리겨레가 그 때
를 아一그 때를 다시금다시금　마음에 새기고
그리하여　굳게굳게 손을 마주잡고　우리나라를 盤
石위에　鞏固히 세우는　그것일 것이다

滿洲大同團宣言書
京城驛頭에서 沒收

學生續續檢擧

侍天敎도 關聯?

主要人物薛某

各宗敎團體를 監視中

新事實每日續出
學生中心의 某運動發覺
市內關係의 可驚할 情報
鍾路署兩段活動

三一運動을 지낸後 八年 四二五九年六月十日 純宗皇帝의 因山日을 機會로, 우리 學徒는 蹶起하였다. 이것이 六十萬歲運動이다. 그날아침 우리 學徒들 朝鮮獨立萬歲를 부르며 激文을 뿌린 서울 觀水橋(1)와 黃金町四丁目걸거리(2)와 團成社앞(3). 4는 그날 京城驛의 大混雜 으로 그해 六月十日午後에 撮影한 것이다. 左의新聞은 敵年號 大正十五年六月十日 東亞日報에서 轉寫.

六月十日朝鮮○○萬歲
學生을 中心으로
八個所에서 勃起
負傷不計其數

電車乘客卅萬
因山前後의 一晝夜間

取調받는 學生
現在는 二百六名

觀水橋上經過
師範校附近經過
東大門內經過
新設里附近經過
東廟附近經過

騷然한 各地
날뛰는 警察로

六十萬歲事件第一回公判

「擧事의動機와目的은
三尺童子라도可知」
—벽두의심문은평동사건의리병립
못는대로명쾌하게대답하는진술—

審問劈頭, 被告의陳述要領

半個年獄窓에
血色은蒼白으로
—深笠手鎖의十一名被告—

平洞事件被告
京城太平通二丁目一九八　李先鎬（三）
本籍安東郡○○面○○水塔町
四三
中央高普五年生

計劃으로實行
李柄立陳述
＝前後經過의詳細內容＝

通洞事件被告
京城桂洞三五　中央高普四年
柳冕熙（三）
本籍連協○○○○○○里
中央高普五年生

求刑
後午時二
—다시성분에피고등에대하아○面과가처구○○○○였더라

六十萬歲事件公判續報

「擧事가良心이니
陳述도良心대로」
＝動機와目的의良心으로一貫한
各被告의一致된陳述＝

◇李柄立（懲役三年）◇柳冕熙 一年◇李先鎬、李天鎭、朴斗鎬
朴河均、朴阮圭、郭載烔、金載文、黃廷煥、李軍鎭 各懲役二年

「呼角으로軍號삼아
一齊히擧事」
◇京大豫科
李天鎭의陳述要領

「己未年經驗으로
◇中央高普
郭載烔의陳述要領

「自由를絕叫하면
◇中央高普
李先鎬의陳述要領

「不穩文書란무여
◇延禧專門
朴河均의陳述要領

四二六二年 十月三十日 全南羅州驛게서 倭人學生數名이 우리女學生을 힐난한것이 導火線이되어 우리學生 即 光州高普生과 倭人光州中學生이 衝突되매, 全國坊坊谷谷 우리學生은 一齊히일어나서 敵에突擊하였다.

보 ○ 아 통　【日曜水】　昭和四年十一月九日　（二）

光州高普 中學生衝突事件

全南警察總動員
徹夜하며 嚴重警戒
雙方氣勢依然險惡

【光州에서 本社特派員 金東進 國信】

市街는 宛然한 戒嚴
四五作伴者도 檢束

入院한 高普負傷生
警察에서 一一調査

中學校側學父兄과
知事以下鳩首密議

學生衝突當時 興奮한 光州市街

東 亞 日 報

〔木曜日〕 昭和五年二十二月五日 〔二〕

監獄같이 달린 校門

四種檄文八千張押收
今午까지 百廿七名檢擧
引致者中엔靑年과學生相半
◇鍾路署에 수사 총본부두고활동◇
事件正體는 判明한듯

事件의 背後에는
秘密團體操縱

謄寫版도發見
十三處大搜索

東署도活動
三名을檢擧

京城帝大를筆頭로
各學校에無漏配付
[책상설합에까지 표묘히 너허두고 하학시간에 학생들에게 뿌리엇다]

光州學生檢擧
主謀者兩名
去處嚴探中

西署도緊張
各學校警戒

놈들이 우리 學生을 檢擧해 가는 光景

155

（第三種郵便物認可）　東亞日報　【水曜日】昭和五年・一月十六日　（二）

再次動搖한 市內男女學校

"學生蹶起篇"

十四校男女學生數千 萬歲高唱코 一齊示威

騎馬警官隊가 各學校包圍

市內各署總出活動

금십오일아츰에 이르러 시내각학교의 대부분은 일제히 첫재시간을 마치고 둘재시간부터 전교생도들이 서로호응하야가지고 교내에서 거사발을 놀고 만세를불르고, 만만세불르며 다가는 울고하야 대소동을일으키어 시내와각경찰은 총동원이되어 동분서주하며 거마경관대는 각학교를포위하고 철통가튼 경계를풀하는중인대 금일오전중에 몽요된학교는 다음과갓다

▲徽文高普　▲同德女子高普　▲培花女高　▲女子商業學校　▲微新學校　▲梨花女高　▲普成專門學校　▲淑明女高　▲眞信女校　▲培材高普　▲實踐女　▲槿花女學校

旗발을先頭로 梨花女高生示威

越便培材生도呼應

가두로나오려다 경관에게막혀

梨花專門의 動搖는 止
學務課員出動

警戒線突破

培材生脫出

正門을破壞

培花生痛哭

閉鎖된校門破壞

街頭로進出示威

女子美術生 街頭에行列

街頭進出制止當ㅎ차

槿花生數名昏倒

窓門波壞萬歲高唱

六十餘個의 三種旗押收

鍾聲을信號 脫出타가未遂

鍾路四街에集合 示威行列을計劃

光州署密電으로 發覺

釋放要求의 過激한演說

警察方針決定 騷擾罪로檢擧

事件進展을重大視

二百五十餘名引致 檢擧는尙今繼續

消防自動車도徵發

中東校學生 百餘名檢擧

再動搖計劃 未然에發覺

後門으로脫出 女商生合勢

動搖에놀라 警官隊受苦

松高生十餘名檢擧

"學生蹶起篇"

十五日大檢擧以後 今朝에도萬歲聲不絕

進明、女商等男女四校動搖

「십오일사백여명의대검거가잇슨그이튿날 십륙일에도남녀네학교가또다시동요되어」

協成實業은街頭行列

咸興商業校 示威行列計劃

梨花女校生 五十五名取調

서대문서에서취조진행중 西門署도不眠不休

校門을內外로閉鎖 萬歲唱呼코痛哭

「길로뛰어나오랴고류리창깨쳐 만세소리와울음소리가어울어저」 女子商業學校動搖

教室에抑留코 廿四名檢擧

協成實業校生 二十餘名檢擧

塔洞公園에集合

進明校生動搖 教室內에서號哭

定州五山高普動搖 三百學生萬歲示威

警察署門前에殺到痛哭中

【정주지국전화】 정주갈산면(葛山面)에잇는 오산고등보통학교에서는 십칠일오전아홉시 삼십분경에 이르러 동교학생삼백팔십여명이 돌연만세를부른후 일제히 교문을나서서 그학교에서 삼십리나 떨어저잇는 정주읍(定州邑)으로 달어가 만세를부르고 오후한시경에 정주읍정거장에이르자 정거장파출소에잇든 경관이 이것을보고 제지하랴다가 충돌이생기어 학생몇명이 부상을하고 순사도 몃명이 부상을하얏다는데 남어지학생들은 도라다니며 만세를부르다가 출동한경관에게 십여명이 검거를당하야 학생들은 다시 경찰서문압헤이르러 엄숙히 통곡을하는중이다(오후한시긔)

九十名檢擧

정주오산학교 학생일동이 동요되어 만세를고창하얏다 함은 별항과가거니와 학교에서 정주읍으로가는도중인 정주정거장부근에서 경관대와충돌되어 중상한 학생이 민창원(閔昌元)외한명이요 경상자도몃명잇다하며 경찰에검속된학생은 구십여명에달한다

大邱男女學生 三十餘名檢擧

【대구지국전화】 대구경찰은 십칠일오후부터 돌연긴장되어 일대활동을개시하야 대구녀자고등보통학교(大邱女子高等普通學校)생도십여명과 대구고등보통학교(大邱高等普通學校)학생이십명을 검거하야 취조중이다가 그중 ...

全校生三日間停學 四十八名又黜學

羅州通學生 廿一名總黜學

광주에동학생전부정영 光州兩學校에서處分

【광주】 광주고등보통학교(光州高等普通學校)와 광주여자고등보통학교(光州女子高等普通學校) ...

載寧에檄文 十二名檢擧

수십처에격문을첨부해 各中等校嚴重監視

寫眞은 京城女商生檢擧光景

監獄으로 收監되는 女學生

東亞日報　敵年號昭和五年一月十八日號에서 轉寫

京城 仁川、元山、晉州

十七日에 第一着으로
青年會館에 万歲聲
◇街頭蒲川 警官義死伺止
鍾路一帶는 大混雜

培材校生又動搖
校庭에서 萬歲

自動車隊徵發
各種旗幟押收

學生一二号 體等檢擧
煽動嫌疑者等檢索

松蔚高普生
十七名停學

電機學校生
下學時万歲

西門外實業專修校
百餘學生도萬歲

仁川商業校生
今朝에萬歲

元山樓氏青年學院
万歲로示威動搖

市內各處에
檄文을貼付

社會團體幹部
檢擧에着手

光州學生擁護同盟

晉州高普生主動
各學校全部動搖
◇演說、萬歲、市街巡遍◇
普校生徒까지和應

公州署에 留置中
開城商業生自殺
廿三歲青春을一期로

十七日正午現在
被檢者四百餘名
◇아즉도검거의손은게속◇
女學生은百四十六人

京畿公立校
五十八名退學
◇今回萬歲事件에
[一月十七日現在調查]

校外運動說로
警察部緊張

盟休斷行

上은　檢事局에呼出된
不拘束女學生들.　下는
倭醫이　우리學生을檢
擧하러다니는　꼴이다.

盛水不漏의 嚴戒裡
光州學生公判開廷
早朝부터 法院內外大混雜
四十九名全部出廷

◇光州에서 本社特派員 崔○○發○○

分權도 不同
併審이 至當
【義城鐵道主崔七氏談】

早朝부터 法院混雜
自動車兩臺로 移送
四十九名이 出廷

被告學生中十四名을
讀書會事件에 關聯
—今回公判後再審理—

◇明日出廷할女學生

市內女學生事件
豫定은廿日開廷
出廷할被告는八名

光州學生
市內四校生明日休
光州學生公判日에

上은光州高普生
四百餘名을檢擧
收容되어있던德殿
下는公判當時百七十餘名이收容되어있던
光州刑務所.

被告生等一致否認
光州學生公判經過
◇初日의審理는七十六名에不過◇
◇서위참엄도호선수담으로도한노릇◇

【義特派員發信】

開廷劈頭에
黃南玉審理
중학생이먼저처고지나가
最初衝突의張本人

無心히가는데 是非 —

殴打하고中學生逃走
再毆當했으로會合한것

示威行列로市內一週

大同小異한
被告等供述

"學生蹶起篇"

權　相　老

權慄都元帥　略傳　　"權慄都元帥篇"

****

公의　諱는　慄이오　字는　彦愼이오　號는　晩翠堂이니　領議政(雙翠軒）　轍의　次子요　江華府使　勵의　孫이오　陽村(近)의　六世孫이라.

中宗三十二年(檀三八七○)丁酉에　誕生하여　비록　宰相家에서　生長하였으나　讀書하기를　좋아하였다.

四十이　되도록　科擧를　못하였으나　蔭仕出身을　勸하는者　있으면　웃고　對答않더니　宣祖十五年(檀三九一五)壬午에　明經科로써　登第하니　時年이　四十五歲였다.

同二十年(檀三九二○)丁亥에　全羅都事가되고　二十一年(檀三九二一)戊子에　禮曹佐郎으로　戶曹正郎이　되었다가　鏡城判官이　되었다.

同二十四年(檀三九二四)辛卯에　義州府尹이　되었다가　有事하여　被遞하였다.

同二十五年(檀三九二五)壬辰四月에　倭亂이　일어나서　各鎭各邑이　次第로陷落하여　中外가　大騷하니　宣祖께서　下問하시되　"矛聞權某　有才可用　今其人安在"오　하시므로　卽日　光州牧使를　拜하니　命을聞하고는　卽時　赴任의길을　떠나므로　承旨가　왜　그리　急히가느냐　한즉　公은　答하되　"國家事急　此正臣子效死之秋　何敢徘徊晷刻"이리오　하므로　歎服하지　않는이　없었다.　光州까지　못다가서　京城은　벌써　保存못하고　大駕는　播遷의　길을　떠났다.　公은　全羅巡察使李洸　防禦使郭嶸으로　더불어　四萬兵으로　上京하다가　嶸이　龍仁倭賊에게　敗한지라　公이　光州로　돌아가서　憂國하다가　奮然하여曰　此非臣子　坐待國亡之日"이라하고　州內에서　五百人　旁邑에서　千餘人을　得하여　慶尙道境에　留陣하여　嶺南에있는　倭가　湖西로　오는　길을끊었다.

同年八月에　羅州牧使가　되었다가　未幾에　全羅巡察使가　되어　九月에　道內兵　萬餘名을　率하고　水原禿城에　留陣하니　宣祖께서　들어시고　劍을解하여　馳賜하며　"諸將有不從命者　以此劍從事"하라　하였다.

同二十六年(檀三九二六)癸巳二月十二日　精兵二千三百人으로　幸州山城에서　倭의　數萬大軍을　殲滅하니　이게　이른바　"幸州大捷"이었다.　數日後에　明軍提督　李如松의　先鋒査大受가　來見하고　歎曰　„權家軍　與他陣自別　外國　有眞將矣"라　하고　經略宋應昌이　本國에　移容하여　奬賞을　勸하여曰　"……王國可謂無人　獨權慄　拒守孤城　招集衆庶　屢出奇計　時抗大敵……此正王國　板蕩誠臣　中興名將　今賞紅緞絹四端　白金五十兩　以爲忠勇之勸"이라하고　尙書石星은　天子에게　上奏하되　"朝鮮諸道　獨全羅陪臣權慄　能守孤危以抗强勁"이라하니　天子　勅喩하되　"朝鮮强國　今觀全羅道　斬獲數多　該國人民　尙可振作　朕用嘉之"라하였다.

同年六月에　都元帥가　되었다.

同二十七年(檀三九二七)甲午三月　辭聯疏를　올리니　宣祖께서　不允하시고　曰"卿　忠勞茂著　勇略超世　名關天下　威懾敵國　元帥之任　舍卿伊誰"오　하시고　入對를　命하여　慰籍曰　"非卿　國家何以得至今日"이오　又曰　"時享稍安　繄卿之力是頼　殄殲凶賊　奠安國家　矛惟望之"라하고　仍하여　廐馬를　下賜하였다.　同二十八年(檀三九二八)乙未七月에　辭遞하였다가　翌年丙申二月에　다시　都元帥가되었다.

同三十年(檀三九三○)丁酉에　倭寇가　再來하므로　明將提督麻貴의　蔚山戰役에　從事하고　翌年戊秋에는　明將提督劉綎의　順天戰役에　從事하여　모두　奇功을세웠다.

同三十二年(檀三九三二)己亥夏에　病으로乞歸하여　江華의　里第로　還하였다가　七月十六日　京城寓舍에서　卒하니　壽는　六十三이라.　宣祖께서　들으시고　三日을　輟朝하고

贈祭를 賜하며 領議政을 贈하고 宣武功臣一等에 錄하고 永嘉府院君을 封히고 壯烈公
으로 賜謚하였다.

獻 詞

（權慄都元帥 遺芳을 追慕하여）

累世名門의 領議政 자제련만
浮華와 虛榮을 끄려 마음이 무게있고
글만을 좋아하는 淸廉의 선비生活
大器는 晩成이라 晩翠堂의 主人公은
四十五歲 半白에 비로소 明經科及第

全羅都事 鏡城判官 義州府尹으로
고을을 다스리고 변방을 지키다가
뜻 아닌 연고있어 閑歲月 吟風中에
壬辰倭亂 外寇로 天下가 騷然하메
國運을 염려하는 宣祖의 聖慮
忠義의 英才를 어찌 들에 버려 두리오

攘夷護國의 刺命을 받은 卽刻으로
光州戰線에 번개 같이 出師途中
北侵하는 賊軍은 물밀듯 帝都에 肉迫하여
社稷은 이미 遷駕하는 一大危機！
公은 轉戰半年에 많은 功을 세우고
九月단풍을 피로 물들이며 水原城 死守할제
聖主께서 손수 御劍을 내려 주지매
아— 感激에 우는 公과 三軍의 士氣

이듬해 이른 봄엔 幸州山城 싸움에서
二千의 寡兵으로 數萬大軍을 殲滅하매
明나라 李如松도 感嘆하여 투구를 벗고
明나라 임금도 "朝鮮强國"이라 입을 벌리다.

아— 壬辰國難을 가슴으로 방패 삼아
兇賊을 물리친 千秋의 偉勳이여
權慄都元帥의 陸戰大功은
李舜臣大提督의 海戰全勝과 함께
祖國蒼天에 해와 달로 無窮히 빛나도다.

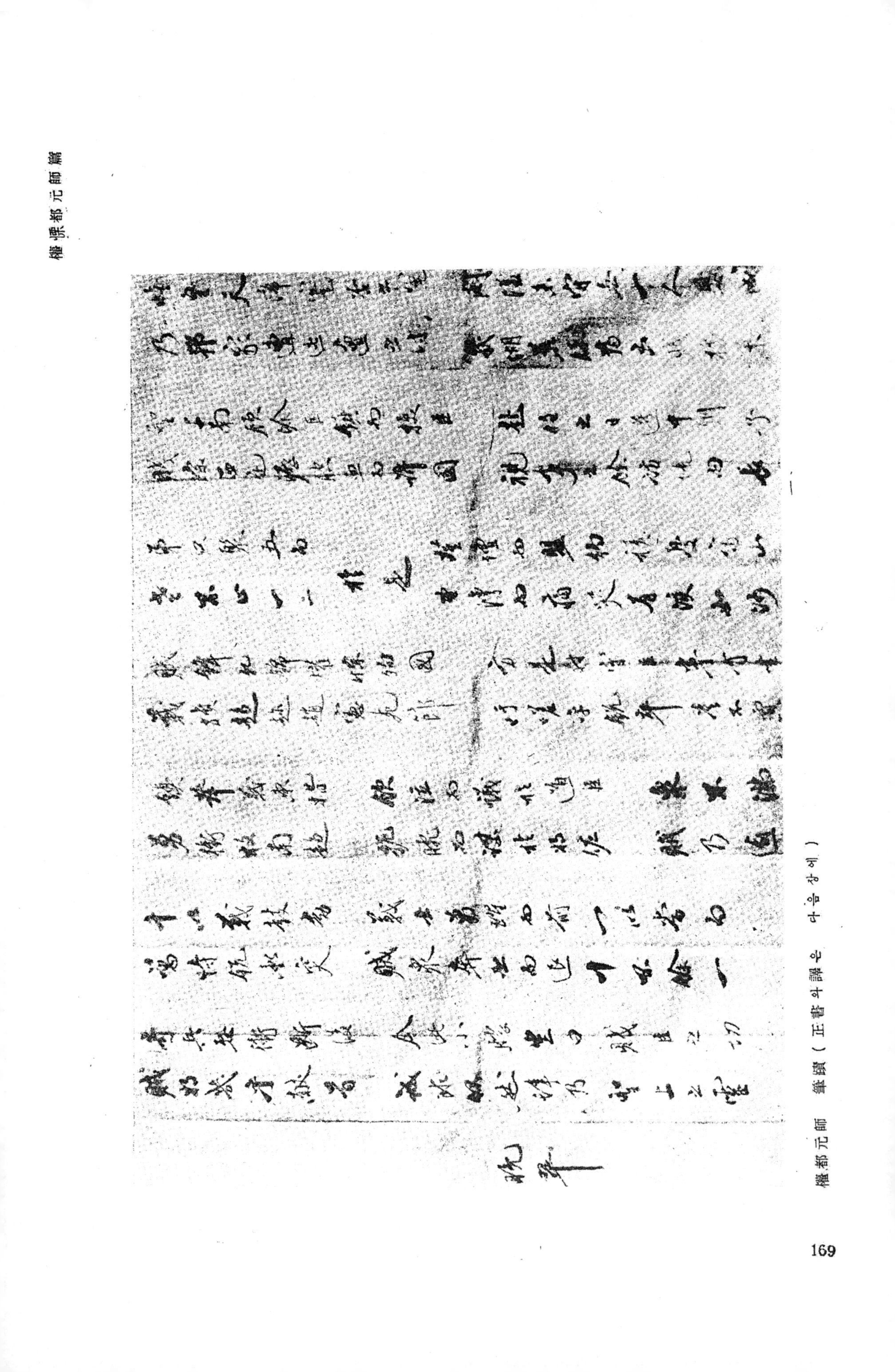

權慄都元師 筆蹟 (正書와 譯은 다음 상에)

前장 筆蹟의 正書

惟 皇天 降鞠否之運 乃邦家遭迍邅之時 關隘未守 無一人嬰城
畿湖莫保 爲凶賊據巢 聖上南顧 除巨鎭而授臣 賤踪西還 瀝腔
血而許國 赴任之日 選州中子弟 只聚五百 視事之餘 訪境內長
老不止一二 於是 登壇而盟約 積憂齊山 望灣而痛哭 有淚如
河 賊鋒犯錦 權憬殉國 義旗趨趁 趙憲死節 方是時 守臣寧
可坐鎭 擧義東指 呼嗟乎 銳卒莫不賈勇 衝枚南趁 飮泣而議於
道臣 扼腕而謀於將佐 衆不滿千 以義 皷動 賊乃逾萬 恃銳衝
突 義士勇躍而前 一以當百 賊衆奔北而退 十不餘一 奇兵要衝
斷後 賊將幾乎獻首 今此小勝 豈曰賤臣之功 誠非偶然 肆乃
聖上之靈

晩翠

京畿道幸州에있는　權都元帥의 戰勝碑

上左의　奏捷書　譯　　　　　　　柳子厚

생각하옵건대 皇天이 不運을 내리시사 우리邦家가 危難하게 되었읍니다. 一人도 保城하는者 없어 關隘를 지키지 못하옵고 畿湖도 保存치 못하여 凶賊의 根據地가 되었읍니다.

聖上께서 南方을 下念하사 巨鎭을 臣에게 맡기시니 賤臣이 西쪽으로 돌아와 心血을 또한 나라에 바치기로 하였읍니다.

赴任한날에 州內에서 募兵하오니 겨우 五百名이 되었아온데 餘暇를 타서는 境內 長老들을 訪問한것이 한두번이 아니었읍니다.

이에 登壇하여 盟約하온즉 근심이 山 같삽고 望灣하여 痛哭하온즉 눈물이 河海 같았읍니다. 倭賊의 先鋒이 錦山을 犯하여 權憬이 殉國하옵고 義旗가 趨趁하매 趙憲이 死節하오니 이때를 當하여 臣이 坐鎭할수없어 擧義하여 指揮하온즉 우리銳卒이 모두 勇敢하게 날뛰며 南쪽으로 달리게 되었읍니다. 臣은 飮泣하고 道臣들과 議論하고 扼腕하고 將校들과 謀策하여도 兵力이 千이 못되었아오나 다만 義로써 皷動시켰읍니다. 賊은 數萬의 兵力을믿고 衝突하였아온데 우리 義士들은 勇躍前進하여 一當百의 氣勢로 攻擊하오니 賊衆들은 敗北退陣하여 열에 하나도 남지않았읍니다 그우에 奇兵作戰으로 賊의 要衝의 後面을 斷絶하오니 賊將은 거의 降服하게 되었읍니다.

이번의 小勝이 어찌 賤臣의 功이오리까! 진실로 偶然한일이 아니옵고 다만 聖上의 靈이로소이다.

朴昇煥將軍 略傳
****

申 鼎 言

陸軍步兵參領 朴昇煥將軍은 智勇이 兼備한 將星이요 忠義가 雙全한 武臣이다。軍籍에 獻身한지 春風秋雨 十餘星霜에 一分一秒라도 干城의 重任에 丹誠과 驍勇을 게을리한 적이없었다。

그런데 高宗三十二年 (四二二八年) 十月八日 未明에 千萬뜻밖에 明星皇后閔氏가, 日本公使 三浦圭梧를 비롯하여 菊池長風 岡本柳之助等 惡漢四十餘名의 凶刃아래에 被殺되며, 鮮血이 淋漓한 屍體는 다시 半燒되어 玉壺樓(乾淸宮 坤寧殿庭邊) 庭園 雜草中에 버린바되었다。그 形狀이 慘酷한것은 勿論이어니와 진실로 一大國恥요 一大民辱이었다。

그런데 大院君은 도리어 高宗皇帝께 閔后의 廢位를 强請하였다。高宗皇帝께서는 父命을 拒逆하실수없는 孝誠으로써 드디어 同月十二日에 閔后의 廢位詔刺을 내려섰다 슬프다! 閔后의末年은 너무나 悲慘하였다。그러나 閔后에對한 國論은없었다。때에 오직 朴將軍이 國母의 慘變을 報復코저 暗暗裏에 計劃하였으나 日本人의 壓迫은 刻刻으로 極하고 國運은 時時로 萎縮되매 用武의틈을 잡기 어려운것을 痛歎하였다。

況且 그 慘變을 뒤이어 乙巳條約이 생기어 國權이 이저러지고 그것의 뒤를이어 高宗皇帝의 廢位를 當하매, 山河가 무너지는 悲運에 누가 눈물이 없었으랴! 이때 朴將軍의 心琴은 오직 一死報國의 굳은뜻이 울릴뿐이었다。그래서 朴將軍은 廢位當日에 宮中에서 擧事하여 雪恥코저하였다。그러나 문득 周圍의 製勢가 오히려 尊嚴을 犯할 危險이 많음을 살피고 다만 有心淚로써 軍服을 적시며 다시 機會를 엿보게되었다。

光武十一年 七月三十日이다。新皇帝(純宗)께서 卽位하신지 겨우 二十日이되는 날이다。이날밤에 日本軍司令官 長谷川好道와 總理 李完用과 軍部大臣 李秉武等이 新皇帝를 脅迫하여 軍隊解散을 强要하였다。新皇帝께서는 七月三十一日夜에 드디어 軍隊解散의 悲切한 詔書를 내리시었다。

八月一日上午八時에 旅團長 梁性煥以下 各聯隊及大隊長을 日本軍司令部에 召集하여 伊藤博文과 長谷川好道의 立會下에 李秉武가 그 詔書를 朗讀하고 同日上午十時에 各隊兵卒을 訓練院에서 解散할것을 嚴命하였다。梁性煥以下各將領은 悲憤함을 참을수없었으나 勅令을 받들지 아니할수 없으므로 各各 隊에 돌아가 그뜻을 宣布하였다。

그 詔勅을 各將領에게 佈告하는中에 長谷川은 벌서 各隊에 顧問敎官으로 있는 日本人將校로 하여금 各兵卒의 武器를 奪取케하고 訓練院에 集合하는 동안에 各營門을 占領케 하였다。

八月一日 上午十時다。이른아침부터 퍼붓는 빗줄기로 말미아마 咫尺을 分別할길이 없었다。그러나 各隊兵卒은 무슨 曲折도 알지못한채 그 모진비를 무릅쓰고 訓練院에 이르렀다。뜻밖에 武裝한 日兵들이 包圍하고 解散을 命하였다。各隊兵卒은 靑天霹靂의 號令에 悲憤함이컸으나 赤手空拳으로써 어찌할 道理가 없으므로 모두 仰天痛哭할뿐이었다。如前이 天空에는 陰雲이 걷히지 않고, 地上에는 細雨가 蕭蕭하니 果然 國破家亡의 慘狀에 天意도 無心치 않았던 것이다。

그런데 朴將軍은 當時 親衛隊第一聯隊 第一大隊長의 要職에있었다。長谷川의 召集에 應하지않고 大隊長室에서 短銃으로써 悲壯한 最後를 이루었다。朴將軍의 自決은 一種의 無言命令이되었다。即 隊內의 將卒들이 그 自決을 알자 即時로 武庫를 破壞하고 十分武裝으로써 蹶起하여 日兵과 白兵戰을 展開하매 彼我의 殺傷이 多數에 이르렀다。마침내 日兵은 우리將兵의 勇猛을 當키 어려움을 짐작하고 機關銃을 亂射하기 시작하였다。이리하여 온 長安이 물끓듯하고 우리의 解散將兵이 京鄕各地에 흩어저서 日兵과 對戰하였던 것이다。

그런데 朴將軍의 遺骸를 거둘새 軍服속에서 이러한 悲壯한 文句를 發見하였다. 거기에갈오되 "軍人으로서 能히 나라를 지키지못하고 臣下로서 能히 忠誠을 다하지 못하면 萬番죽어도 아까운 것이 없다."

原文 "軍不能守國 臣不能盡忠 萬死無惜" 이라 한 것이다.

嗚呼! 朴將軍은 四二〇二年에 誕生하여 四二四〇年에 三十九歲를 最終으로 殉國하였다. 아! 그 忠義는 靑史에 빛나고도 오히려 남음이 있을 것이로다.

獻　詞

（朴昇煥將軍　遺芳을　追慕하여）

乾淸宮안에　妖雲이　어지럽고
玉壺樓뜰에　落葉이　쓸쓸한　十月
시든　雜草밭의　한떨기　흰　菊花마자
國母의　慘血로　붉게　물들여　버린
兇虐한　倭双을　復讐하려던　將軍
다음에　乙巳條約, 이어서　高宗廢位
이　悲報에　山河와　더불어　痛哭한　將軍

아ー　光武十一年　七月　그믐날　밤에
將軍星마자　떨어져서　天地가　暗黑해진
國軍　解散命令의　千秋哀史여
將兵은　武裝解除로　두주먹만　붑엻고
營門에는　敵의　軍馬가　높이　울제
將軍의　길은　오직　죽엄으로　勝利를……

아ー　軍運에　殉하여　내몸을랑　自決한
愛用短銃의　悲壯한　그한방이여
이　말없는　最後의　反擊命令에
풀죽은　將兵들은　一瞬에　決死隊되어
武庫를　들부시고　총칼을　잡아들고
壯烈한　白兵戰으로　敵을　무찔렀으나
機關銃의　猛掃射로　마침내　屍山의　慘景!

從容히　숨진　將軍의　英魂이여
피　젖은　옷가슴에　남긴　遺書여
"軍不能守國
臣不能盡忠
萬死無惜"
아ー　이　信條에만　살고　싸우다
이　信條에　목숨　바친　軍人의　龜鑑이여
無心한　黃泉의　草木조차도
바람을　걸우고　못내　느껴　울었으리라

朴昇煥將軍　遺影

盧伯麟將軍과 朴昇煥將軍의 사돈間이니 4는 盧將軍의 사우님이요 朴將軍의 아드님인 任昱氏
(1)은 盧將軍의 맏아드님 善敬氏 5는 盧將軍의 둘째 아드님 利敬(泰俊)氏 3은 盧將軍의 따님이요
朴將軍의 며누님인 順敬女史의 夫人이다 그리고 2는 盧將軍의 맏따님 淑敬女史
여기에 모인분들은 모두 盧 朴 兩將軍의 血統을 이은 분 들이다

春景　具然英　先生　略傳
* * * * * * * * * * * * * * * * * *

四一九七年 (西紀一八六四年) 서울서 誕生하였다.

天性이 寬厚仁慈하고 活潑勇敢하며 正義感이 强하여 옳은 일이면 百折不屈하고 實行하였다.

舊韓國政府에 잠시 職을 가졌다가 그만두고, 當時 隣國과의 關係와 國內政界와 社會의 形便이 날로 腐敗하여 祖國의 運命이 危殆롭게 될을 恒常 歎息하던中, 四二一七年 以後는 政局이 더욱 어지러워지매 先生은 國事를 甚히 念慮하여, 愛國志士들로 더불어 祖國의 光復運動을 펴하다가 獨立協會에 加入하여 積極 活動하였다.

四二二九年에 基督敎 信者가된後 서울 南大門內 尙洞敎會를 中心으로 엡윝靑年會가 組織되매 先生은 全德基氏와 함께 靑年運動에 晝夜를 不分하였다

계속하여 神學을 硏究한後 祖國을 完全히 回復하려면 堅實한 基礎工作이 急務일 것이니 먼저 모든 失敗에 原因되는 障碍物을 破壞除去하여야 될것이라하여 信 望 愛의 三大原則을 實踐하기에 努力하였다.

卽 信은 眞實한 信念으로 上帝를 信奉하고 基督의 敎訓으로 罪過를 悔改하고 眞理에 삶으로써 完全한 人間의 基礎를 삼자 함이요, 望은 確固한 所望을 가지고 官尊民卑 依他思想 職業差別 迷信虛禮等 惡風弊習을 打破改善하며 新敎育을 吸收하여 現實만에 落心말고 職業에 忠實함이요, 愛는 眞正한 愛의 精神으로 敬天愛人을 標語로하고 하느님을 恭敬하며 祖國을 사랑하고 同胞를 사랑하여 正義로 團結하며 모르는 사람을 깨우치는것이 祖國光復의 基礎라 함이었다.

四二三三年에 巡行傳道師가 되어 京畿 忠淸 江原道 一部까지 巡廻하면서 或은 民衆啓蒙에 或은 傳道講演에 或은 國債報償運動에 全力을 다하였다. 그러나 國運은 점점 悲慘하게되니 先生은 信 望 愛를 綱領으로 京畿道利川을 中心으로하여 救國會를 組織하고 各處에 分會를 두어서 自主精神에 아울러 排日思想을 極力鼓吹하였다 當時 先生과 協力活動한 분은 張春明 朴宗錫 金濟安 高時爀 安敬鎭外 數氏였다.

四二三八年에 五條約에 四二四〇年에 七條約이 發表되니, 先生은 痛憤을 참지 못하였다. 一進會를 糾彈攻擊하기 시작하여 各處에서 聲討會를 열고 그 罪狀을 暴露하였다.

이에 奸惡한 一進會員等은 先生을 몹시 싫여하여

"京城 東便 十餘郡에는 具然英만 없으면 基督敎도 없어질것이요 排日者도 根絕될것이라" 고 敵게 告發하였다.

마침내 敵兵은 利川邑에서 先生의 父子를 逮捕하였다. 當時 先生의 맏아드님 禎書氏도 아버님의 뜻을 따라 或은 서울 東大門敎會의 傳道師로서 或은 自强會會員으로서 敎會와 社會的으로 크게 活動하다가 數次 敵에 被捉되었었다.

敵은 갖은 惡刑을 다하며 가치 活動한 同志들의 性名을 追窮하였다.

그러나 先生은 緘口不言

"一進會員 以外는 모두 나의 同志다"

하고 끝끝내 굽히지 아니하였다. 그러므로 畢竟은 敵의 凶彈에 父子분이 함께 쓰러져서 殉國의 英魂이 되었다.

"春景 其然英先生篇"

때는 四二四〇年 陰七月十六日이요 先生의 享壽 四十四였고 禎書氏의 享年 二十五였다.

遺族은 先生의 아드님이요 禎書氏의 아우님인 聖書氏와 鍾書氏가 있다.

獻 詞

(其然英先生 遺芳을 追慕하여)

"나라 없는 백성의 몸이 되어서
사람답게 살수 없는 목숨을
욕된 벌레로 살아간들 무슨 보람이냐!
거룩한 나라와 겨레의 이름으로
믿음과 희망과 사랑을 품고
차라리 죽는 것이 떳떳한 길이 아니냐!"
그렇게 부르짖고 가르치던 太陽이여
그 아버님과 함께 殉國한 아드님이여

獨立協會의 쟁쟁한 指導者로
基督敎의 열렬한 傳道師로
救國會의 新生活運動 主唱者로서
자나 깨나 꿈으나 오로지 한길만을
정성의 짚신발이 몇 千켤레 닳았던고?

奸惡한 賣國集團 一進會따위들이
五條約으로 祖國을 뗏냥에 팔고
七條約으로 民族을 일곱푼에 팔아먹자
先生의 痛憤은 極度로 爆發해서
排日討奸의 횃불을 높이 들다

아ー 그러나 時 不利여 力 不足이여
"其然英父子를 잡아 없애라"
敵보다 더미운 賣國奴의 告發로
日月같은 두분의 民族의 精華
敵兵에게 잡혀서 殘忍한 拷問에도
"一進會員 以外는 全民族이 同志다!"
아ー 兇彈을 하나씩 가슴에 받을 瞬間 까지
同志를 한사람도 끝끝내 대지 않는
그 아버님의 옳은 뜻과 바른 말에
그 아드님 禎書氏 또한 微笑띠우고 쓰러지다

春景　具然英先生　遺影

具然英先生과 한날 敵의 凶彈에 쓰러진 아드님 禎書氏

竹峰 金準烈士 略傳
****

金準烈士의 本貫은 慶州 字는 泰元 號는 竹峰 四二〇三年 (西紀一八七〇年) 九月 十六日에 全南 羅州郡文平面渴馬里에서 出生하였다.

烈士는 少時부터 智略이 雄大하였다. 官職은 비록 順陵參奉의 微位였으나 家事는 不顧하고 오직 國事에만 腐心하였다. 韓末의 國運이 危急하자 四二三九年七月에 令弟 金律先生 (號 靑峰)과 함께 湖南地方에서 倭賊과 싸우고자 義兵을 일으켰다.

同年 九月九日 重陽佳節에는 初陣의 祭物로 高廠邑의 倭賊을 무릴렀다. 十一月二十五日 戰鬪에서는 不幸히도 參謀長 金翼中 中軍 李南圭가 戰死하였으나 烈士는 昌平甘谷에서 軍을 强化한 다음 靈光聖浦의 賊을 火攻奇襲하여 큰 復讐戰果를 거두었다.

이듬해 즉 四二四〇年 十二月에 烈士는 再擧重來의 氣勢로 羅山市를 襲擊하여 二次接戰끝에 數十名의 賊을 무찌르고 數日後에는 다시 咸平邑에서 싸워서 憲兵七名을 砲殺하였다. 그리고 同月 二十六. 七 兩日間에는 羅州沙湖里에서 大接戰을 해서 實로 數百名의 賊兵을 擊殺하였다.

擧兵後 三年째 되는 四二四一年 正月一日에는 令弟 金律先生이 거느린 義兵隊와 昌平永新里에서 合陣하였다. 이때 賊將 吉田勝三郞이 騎兵百五十으로 四面에서 包圍攻擊해 왔다. 이 危機에 直面한 烈士는

"우리는 이번 싸움에 모두 죽을지도 모른다. 그러나 義를 위하여 죽는 것은 우리의 本意이매 주검이 어찌 두려우랴!"하고 凜然히 激勵하였다.

그리고 몸소 精兵數人과 함께 길목에 숨었다가 白馬를 타고오는 九尺長身의 賊將吉田을 쏘아서 말에서 떨어지자 烈士는 飛虎같이 달려가서 그놈의 日本刀를 빼앗아서 목을 덩경 베어 버렸다. 이 吉田은 露日戰爭에서 功을 이룬 勇將이었는데 烈士의 손에 목이 달아나자 賊兵은 아주 失魂落膽하여 戰意를 잃어 버렸다. 그와 同時에 我軍의 氣勢는 天地에 떨치었다.

烈士는 同志愛와 友情이 두텁기로도 有名하였다. 同志 奇省齋公이 潭陽秋月山城에서 賊에게 生擒되어 光州로 護送被殺되자 烈士의 義憤은 熬火같이 타올랐다. 바로 長城土村後山에 城을 쌓고 賊을 誘導하여 同志의 吊戰을 꾀하여 大戰果를 거두었으매 省齋公의 魂도 地下에서 기뻐하였을 것이 아닌가.

그날 밤으로 靈光朗月山에 가서 싸우다 同志崔東鶴이 戰死하였다. 이때부터 烈士의 戰運이 비색하기 시작하였다. 大谷山接戰에서도 利를 보지 못한 烈士는 敵이 優勢한 이 地方을 避하여 羅州로 가서 寡兵血戰하는 陣中에서 不治의 腰痛으로 起居조차 如意치 못하게 되었는데 賊兵은 數百名이 洪水처럼 몰려 와서 包圍攻擊하였다.

그러나 烈士는 泰然한 氣色으로 仰天大笑하며 "나는 義兵을 이르킨 날부터 이미 죽은 몸이였다!"하고 命在頃刻의 病軀로 비오듯하는 彈丸속에서 最後까지 決戰하였다 아! 그러나 하늘이 또한 烈士에게 運과 壽를 주지 못하였으니 어찌 千秋의 痛嘆事가 아니리오.

烈士는 마침내 石上에 端坐하여 從軍一同에게 "내가 三年동안 싸움에 한번도 敗한적이 없었는데 이제 뜻하지 않은 敗戰을하게 되매 하늘이 나를 망하게 함이오 내싸움의 잘못이 아니로다. 나는 웃는 낯으로 地下에 묻힐테니 諸君은 이 死地를 떠나서 生을 도모하라!"

이말이 떨어지자마자 賊彈에 맞고 從容히 戰死하였다. 嗚呼 義星이 最後의 光彩

를 걸우고 사라지자 陣中의 同志들도 生을 구차히 않고 決戰義死하여 烈士의 뒤
를 따랐다.

烈士가 奮鬪한 義戰四十一回에 모두 功을 세워서 賊의 心膽을 서늘케 하였다.
烈士의 遺族은 現在 아드님 京天氏가 있다.

獻 詞

(金準烈士 遺芳을 追慕하여)

南風이 삽삽한 故園의 참대와 함께
곧고 굳게 자라난 烈士의 節介
山脈三千里 타고 올라 白頭山 봉이 까지
그 뜻이 높아서 雅號야 竹峰
그 형님과 같은 피 青史에 길이 빛나
無等山上 소나무빛 千萬年 향기롭 듯
아우님의 雅號 또한 그리운 青峰

아— 祖國의 命運이 殘燈처럼 아스러질 때
男兒의 한방울 피를 어찌 애껴서
聖火의 香油로 불태우지 않으랴
倭賊의 妖雲이 韓末을 어지럽히는
七月의 가을 풀이 시드는 湖南벌판에
兄님이 불을 놓고 義兵의 북을 치자
아우님 또한 槍들고 싸워 죽고자!

이 兄弟 白骨되어 이슬을 願하는 날
이 땅의 젊은이 모두 자리를 차고
"누가 兄弟아니고 同志아니랴!"
아— 殉國의 눈물 피로 끓고
그 피 엉키어 火藥으로 총알로 쓰던
丙午 丁未 戊申 三年의 義戰이여
四十一戰에 好戰强賊을 눈부시게 連破하고
九尺長身의 賊將吉田을 落馬시킨後
그놈의 日本刀로 목 베인 烈士의 偉勳이여

그러나 하늘은 왜 時를 주지 못하고
時는 왜 運을 주지 못하였던고?
슬프도다 羅州땅의 最後의 싸움이여
賊彈이 비 퍼붓는 외로운 山陣에서
病든 몸이 부처님 모습으로 石上에 앉아
"나는 이미 三年前에 죽은 몸이니
웃는 얼굴로 地下에 돌아 가리라!"
그 거룩한 遺言이 兇彈에 그치었노니
아— 이제 이 獨立萬歲에 웃는 소리를 들리소서!

竹峰金準烈士篇

與舍弟心書
國家安危在頃刻
意氣男兒何待亡
盡忠竭力義當事
志濟蒼生不爲名
兵死地合笑入地可也
戊申二月十九日　舍兄準書

譯

國家의 安危가 頃刻에 있는데, 意氣男兒가 어찌 앉아서 亡하기를 기다리 겠느냐! 盡忠竭力 하는 것이 義에 마땅한 일이요. 蒼生을 건지는데 뜻이 있고 이름을 爲하는데 있지않다. 兵은 마땅이 죽을곳에 웃음을 머금고 들어가는것이 옳으니라.

金準烈士 筆蹟

李在明義士　略傳
****

四二二三年（西紀一八九〇年）平北宣川서　出生하여　여덟살때　平壤術聽里로　移徙하였다. 兒時로부터　聰明出衆하고　膽力이　過人하였다. 平壤　日新學校를　卒業하고　島山先生의　指導를　받아　열여덟살에　美洲에　留學하다가　日帝壓迫下의　祖國의　危機를　듣고, 奮然　中途廢學하고　歸國하였다. 同志를　糾合하여　우선　敵의　首魁와　賣國奴들을　모조리　殺戮除去하여　輔國安民하기로　決心하고, 먼저　伊藤博文을　노리었다.

四二四二年一月　隆熙皇帝와　같이　伊藤이　平壤에　오는　날이었다. 義士는　同志몇사람과　平壤停車場으로부터　新市街左右를　살피며　機會를　기다리던中, 突然　島山先生으로부터　挽留의　特報를　받고　目的을　達하지　못하였다.

挽留의　理由는　伊藤이　제　身邊의　危險을　念慮하여　皇帝의　곁에　同座하게　되였으니　發砲하지　말라는　것이었다.

그後　安重根義士가　伊藤을　砲殺하였다는　消息을　듣고, 다시　賣國奴　李完用　李容九　宋秉畯等을　一齊히　除去하기로　작정한後, 李完用은　李在明義士가　李容九는　金貞益義士가　宋秉畯은　李東秀義士가　各自擔當하고　四二四二年九月에　上京하여　機會를　엿보던次　그해　十一月에　서울　鐘峴天主教會堂에서　擧行되는　白耳義皇帝　追悼式에　賣國閣僚가　一齊　參式한다는　新聞을　보았다. 李在明義士는　勇氣百倍하여　검정　두루마기로　바꾸어입고, 군밤장사로　變裝한後　李完用이　오기를　鐘峴으로가는　길목에서　기다렸다. 그날　午後三時頃에　李完用이　人力車를　타고　나타났다. 義士는　바른손에　拳銃을들고　왼손에　短刀를　쥐고하여　猛虎같이　달려들었다. 拳銃을　쏘았으나　맞지않으므로　곧　왼손의　短刀를　바꾸어쥐고　쫓아가서　도망하는　李完用을　세번걸러서　流血이　낭자케하였다. 義士는　李完用이　죽은줄만　알고　大韓獨立萬歲를　소리높이　부르던중　敵警에게　捕縛되는　同時　왼쪽　넙적다리를　절리어　重傷을　입은채로　拘禁되었다.

賣國奴는　即時　病院으로　運搬되어　治療中　殘命을　保存하여　庚戌合邦에　捺印까지　하고　日帝의　一等功臣이되어　富貴를　누리었고, 義士는　敵의　獄中의　몸이되어　敵의　審判을　받게　되었다. 敵의　裁判廷에　나타난　義士는　三四日동안은　傍聽席을　向하여　熱烈한　言辯으로 "몸을　바쳐　나라를　救하라"는　演說을하고　第五日부터　審問에　대답하였다. 裁判初日부터　모여드는　群衆은　細雨가　罪罪한　중에도　人山人海를　이루었다. 裁判은　公開되어　英美佛各國　人士도　參席하였다.

"被告와같이　凶行한　사람은　몇이나되는가?" 敵의　判官이　물으매, 義士는　눈을　부릅뜨고 "野蠻島國에서　不學無識한　놈아　너는　凶字만　알았지　義字는　모르느냐, 나는　凶行이　아니고　堂堂한　義行을　한것이다." 하고　高喊치자　卒然　裁判廷　內外　傍聽席으로부터　一齊히　으악　소리가나며　유리窓이　깨어지는等　一大騷亂을　일으켰다.

이튿날　裁判이　계속되어　判官은 "그러면　被告의　일에　贊成한　사람은　몇이나　되는가" 하니　義士는 "贊成한　사람은　二千萬民族이다" 할때　窓안窓밖으로부터 "옳다" 하는　소리가　爆發하였다. 또　한번　유리窓은　散散이　부셔졌다.

이때　義士는　判官을　號令하여　右便　倭高官　紳士들이　앉아있는쪽을　가르치며 "野蠻倭種들은　退廷시켜라. 그리고　窓밖에　羅列한　韓國人을　모두　入場시켜라. 그러지　않으면　나는　너의　審問에　대답하지　않겠다" 하고　怒氣를　떠웠다. 椅子게　앉아있던　倭人들은　或은　얼굴을　붉히고　退廷하고, 或은　목을　움추렸다.

裁判廷은　이날도　一大修羅場을　이루어　判官은　하는수　없이　裁判을　中止하였다. 第七日에　義士는　李完用의　十條目에　亘한　罪惡을　一一히　說破한後　자리에　앉으니, 檢事는　우물쭈물　무슨罪니　무슨罪니　하여　義士에게　死刑을　求刑하고, 退席하여 달라 할지음 忽然 傍聽席으로부터 한 女性이 뛰어나오며 “李在明은 堂堂한 愛國志士다. 무슨罪로 死刑이냐！ 無罪한 사람을 死刑에 處할진댄 何必 李在明뿐이겠느냐. 나도 死刑에 處하여라” 고 檢事에게 달려 들었다.

이 女性은 다름아닌 義士의 夫人 吳仁星女史였다.

그後 결국 死刑言渡를 받고 刑場에 나타난 몸이되어 敵의 執行官으로부거 “이자리에서 할말은 없는가” 하고 물을때, 義士는 “裁判廷에서 다하였으니 다른말은 없다 다만 日常 내가 보던 讚美책이나 갖다달라” 하였다. 책을 갖다주니 二百七章 “예수가·나를거나리심” 의 一節로부터 끝까지 아담한 音聲으로 읽은 後에 從容히 敵 刑場의 이슬도 사라졌다.

獻 詞

（李在明義士 遺芳을 追慕하여）

이나라 新文明의 搖籃 그리운 平壤에서
聰明한 어린 魂은 日新學校의 神童
일찌기 島山先生의 높은 뜻을 받들어
하와이에 꿈을 찾고 美本州에 배우다가
祖國危機를 救할 마음 화살과 같아
戊申年 五月의 太陽이·불 타며 金뿌리는
太平洋건너 돌아온 義士의 平生宿願

먼저 倭賊 伊藤博文을 平壤驛에서
저 博浪沙의 鐵槌로 撲殺을 피했으나
隆熙皇帝 側邊에 앉아 뜻 못이루고
할빈驛頭의 安重根義士 三發銃聲에
좋은 머까를 빼앗겨서 넌치서 苦笑했고

그해 十一月 二十六日 午後 세시쯤
검정 무명 두루마기를 허수히 입고
군밤장사로 變裝하여 길목 살피다
人力車로 지나는 李完用에게
飛虎같이 덤벼져 右銃을 猛射하고
左刀로 三刺하자 流血이 낭자……
痛快한 成功에 萬歲를 絕叫했으나
아— 義士는 捕縛되고 國賊은 殘命하여
마침내 賣國證書에 玉璽 까지 犯할줄야！

그 惡毒한 拷問에도 泰然自若하고
七日동안 公判에는 堂堂한 愛國熱辯
비맞는 廷外群衆은 投石 呼應하는데
“被告의 同志가 몇이냐” 고 審問하면
“우리 同志는 二千萬 全民族이다！

아— 그리고 義士를 救出할 도리 없어
死刑이 執行되는 슬픈 마당에서
聖經을 빌려 삼가 읽고 祈禱한 뒤에
“자아 어서 죽여라！” 고요히 눈 감으시자
獄中囚人들도 斷食哀悼 마음으로 울며니라

李在明義士　遺影

李在明義士　擧事時의同志들　左가　金秉鉉氏　右가　李履杰氏

四二四二年　擧事前　서울서　박힌것　左로부터　吳復元　李在明
金龍文　諸氏

芝江 梁漢默先生 略傳

****

四一九五年 (西紀一八六二年) 全南 海南郡 玉泉面 永溪里의 一農家에서 誕生하였다.

十八歲時 儒學의 眞髓를 蘊蓄하는 同時 佛 仙 天主聖書等을 博獵하였다.

三十三歲時 度支部主事에 任命되고 同年 寶城長興方面 東學徒 數百을 救出하였다.
三十七歲時 世界의 大勢를 洞察하고 政治經濟文化를 研究코저 日本으로 갔다. 거기서 當時 亡命中인 孫秉熙氏를 만나 死生을 盟約하고 그를 따라 東學을 指導하였다.

四十三歲時 露日이 開戰하자 祖國의 國權을 鞏固히 함에는 이 機會를 잘 捕捉함에 있다하여, 孫秉熙 權東鎭 吳世昌 趙羲淵等 諸氏와 保國安民之策을 倭京서 協定하고 本國에 訓令하여 進步會를 組織시켜서 一大民衆運動을 일으켰다.

四十四歲時 本國에 돌아와 李儁 尹孝定氏等과 憲政研究會를 組織하였고, 翌年 孫秉熙 權東鎭 吳世昌等諸氏가 還國하여 서울에 天道敎總部를 두고 大憲을 發佈하여 制度와 機關을 確立하매, 先生은 執綱眞理課長에 就任하고 또 尹孝定 張志淵氏等과 憲政研究會를 擴充强化하여 大韓自治會로서 一進會와 積極鬪爭하였다.

四二四三年 (西紀一九一〇年) 國恥가 이르매 敎育의 振興을 圖謀하고 自體의 實力을 養成하여 捲土重來의 時期를 기다리기로 하고 普專普中普小 文彰中 同德女校等 數十校의 經營에 參劃하였다.

四二四四年 職務道師에 就任하였고 翌年 敎理講習所를 開設하여 敎人의 修練에 힘쓰며 講習과 集會를 通하여 極烈한 排日思想을 鼓吹涵養하니, 孫秉熙氏의 抱擁力과 先生의 機略에 依하여 敎徒 三百萬을 突破하여 空前의 大盛勢를 이루었다.

四二四七年 (西紀一九一四年) 歐羅巴에서 世界大戰이 勃發하자 戰後 世界에 一大改造의 氣運이 올것을 洞察하고, 露領 滿洲 中國 美洲의 海外憂國同志와 緊密히 連絡을 取하였다.

四二四八年 總督府에서 天道敎에 懷柔의 魔手가 뻗혀 敎中幹部級까지도, 總督府에 들어가서 直接 實權을 잡고 實力을 擴充하자고 主唱하는者가 있었으나, 孫秉熙氏와 先生等은 이에 頑强히 反對하여 盤石같이 不動하였다. 庚戌國恥 以來 寺內가 極端의 武斷政治를 行하여 一切의 結社를 禁하며 言論機關을 解散封鎖하며 우리 固有의 文化를 無視하며, 倫理道德을 破壞하며 美風良俗을 退化시키며 倭國精神을 注入하여 同化를 꾀하며 經濟的破滅을 圖하는等 그 奸惡無道하고 實로 形言할수 없는 壓制下에서, 悲憤慷慨 孫秉熙氏를 補佐하여 夢寐에도 잊지못한 祖國의 國權을 恢復하려고 內로 自體의 實力을 養成하며 外로 國際動向을 살피던中, 大戰後 美大統領 윌슨氏가 民族自決主義를 提唱하자, 四二五二年 이에 內外의 憂國志士와 呼應하여 決死 蹶起하였다.

十數年間 隱忍自重하던 先生은 孫秉熙氏를 補弼하여 敎徒를 領導하고, 民族代表 三十三人의 一人으로 獨立宣言書를 天下에 宣布하여 敵에 進軍을 開始하였다가 不幸히도 被捉되어 西大門監獄에 在獄中 同年 五月二十六日 五十八歲를 一期로 敵의 暗刑으로 말미아마 獄中에서 逝去하였다. 遺族으로는 아드님과 손자님 會慶氏가 있다.

獻　詞

（梁漢黙先生　遺芳을　追慕하여）

哲宗聖代에　東邦에　哲人이　誕生하니
十八歲에　이미　儒佛神卜의　造化를　깨달았고
弱冠의　求道家로　海南島의　眞主를　法問
이어　無等山에서　濟世安民을　瞑想또　祈願

露日戰爭의　國際機微를　活用하려고
削髮黑衣　同志로　尊皇革新을　出發點으로……
天道敎를　開祖한　大憲宣佈의　信仰
數많은　敎書를　지어　法燈을　쌓은　眞理
七七祈禱와　冠岳修練으로　獨立精神을　鼓吹
私學振興으로　民族正氣를　廣汎히　培養
아一　그리하여　水火不辭의　果敢한　宗敎軍！

이　嚴然한　愛國宗敎軍의　威力으로
잦은　彈壓과　懷柔術도　물리치고
海外의　亡命同志와　內外呼應　合流하매
倭政官犬도　"別乾坤"을　멀리서　짖을따름

때는　己未年　先生의　享年　五十八
아一　保國安民　新宗敎의　거룩한　使徒시어
祖國의　모든　文化　쇠절구에　빼　부서질제
윌손大統領　民族自決主義에　蹶起않으랴！
寤寐不忘른　國權과　自由를　絕叫않으랴！

世界를　놀라킨　이땅의　民族聖戰의　날
아一　三月一日！
先生은　손수　植木한　森林을　끌고
民族代表　三十三의　하나의　巨木으로
妖雲을　뚫고　높이　獨立을　宣言하니
피　끓는　노래　三千里에　烽火를　들다
그러나　이에　또다시　五月二十六日이　있어
그　무슨　끔찍한　暗杖이냐　毒藥이냐
아一　슬픈　先生의　獄死原因은
아직도　산　記憶에　아픔　새로워！

芝江　梁漢默先生　遺影

梁漢默先生　筆蹟（譯은 다음장에）

旱餘甘霖　洽慰三農　此時枉函及於村欣野悦之中　披來傾鴻何翅　如沃灌枯槁也　蓮審兄體增護　睿節勻迪招邀　佳朋大設詞壇　旗皷強壯　陳隊嚴整　足以短曹墻　而劇屈壁矣　尤令人聳聽　第左右酬應　不甚煩惱否　弟風窓雨揚日　與溪朋澗友　携紙局　賭白酒　便作方外一浪客　羨向高明道耳

前장 肇蹟 譯   柳 子 厚

너무 가문끝에 단비가내려 三農에 洽足하니 野人들의 慰勞는 이루 말할수없
네 이때 온村落이 기뻐하고 모든 農軍들이 날뛰는중에 兄의편지가 이르렀으니
참으로 奇緣이 아닐수없네. 편지를 들어 읽음에있어 나의懷抱를 潤澤하게 하는
것이 어찌 들의 마른곡식을 기름지게 하는것에 比할것인가! 삼가 묻노니

兄의 健康이 더욱좋으시고 宅內가 두루 평안하심을 빌어 마지않네. 兄은 가
끔 아름다운 친구를 초청하여 詞壇을 베풀어서 旗蔽가 强壯하며 陣隊가 嚴整
함은 足히 써 漢나라 曺子建의 詩壇을 壓倒하며 楚나라 屈原의 文陣을 肉迫
하고도 남음이 있을것이니 實로 사람으로 하여금 聳聽케하여 부러워함을 마지
않게하네. 그러나

兄이여! 左右의 酬應이 너무나 煩惱치아니한가. 兄의 靜養을 爲하여 저윽이
念慮되는 바일세. 나는 바람부는 窓과 비오는 揚에서 每日 溪朋과 澗友로 더
불어 종이에 그린 바둑판을 가지고 白酒를 걸어 勝負를 일삼고 있네. 이리하
여 한 方外의 浪人生活을 계속하고 있네. 그러므로 高明한道에 나가지 못함을
크게 부끄러워하여 마지않는 바일세.

(一)　第六百十六號　THE DONG-A DAILY, SEOUL　(土曜日)　大正十一年五月六日　(郵便物認可)

梁漢默先生返
葬에 對하야
死와 永生

又齋 李始榮先生 略傳
****

四二一五年(西紀一八八二年) 一月十日 大邱서 出生하니, 寬俊氏의 次子로 母堂은 月城崔氏였다.

幼時로 好學하여 詩 書 畵에 多能多藝하고, 健壯한 體軀에 寡言默重 한번 決定한 일이면 百難을 물리치고 斷行하는 性格이었다.

四二四七年 日帝壓制下에 苦憫하는 祖國의 慘憺한 現實을 坐視할 수 없어, 憤然 故國을 떠나 北京으로 가서 國際情勢를 살피는同時, 內外同志들과 連絡하여 獨立運動의 具體的方法을 劃策하였다.

爾來 五六次 國內에 潛入하여 鄭雲胎 尹相泰 翁相灌 氏等과 함께 敵에 痛擊을 주려던 愛國團事件으로 大邱에서 二年刑을 받고, 다시 朴尙鎭 崔峻 安熙濟 徐相日 氏等과 더불어 光復團을 組織하여 武力運動을 展開코저 海外에서 武器를 密輸入하였다가, 敵에 逮捕되어 長久한 時日에 苦刑을 치렀다.

一次大戰이 끝난後, 民族自決主義의 提唱을 듣고, 南亨祐氏等과 謀議한後 三南各地를 潛行하며 同志를 糾合하여 三一運動에 呼應할 武力蜂起의 地盤을 딱았다.

四二五二年 即 己未年二月에는 韓龍雲 金思鉥氏等과 連絡하고 嶺南儒林을 總動員하여 그中 代表二百餘名을 上京케하여 獨立宣言文(三一宣言書와 다름)을 全國各地에 密送하는 한편 學生代表 韓衛健 金永浩氏等으로 하여금 中等以上 學生을 蹶足시켰다.

다음달 三一運動이 燎原의 불과같이 일어남을 보자, 平素 先生에 隨身하던 韓衛健 李京植 金永浩氏等을 데리고 서울을 脫出하여 北京으로 갔다.

다시 北滿으로 갔다가, 柳河縣三源浦에 韓人武官學校를 設立하여 많은 우리鬪士를 養成하고 武器를 製造하여, 上海의 金東三 金昌淑 盧伯麟, 北京의 白南埰, 北滿의 金佐鎭等 諸氏와 連絡하고, 南滿에서는 純義府 李陰瑞 正義府 吳東振 翁世忠等諸氏와 呼應하여 國內에서의 武力蜂起를 百方으로 劃策하던中, 三源浦에서 得病하여 신고하다가, 萬里異域에서 波爛많은 一生의 幕을 닫고말았다.

때는 四二五二年 七月九日이요, 享年 三十八이었다.

先生은 信義의 人이었고 情熱의 人이었다. 特히 抱擁力이 커서 사람을 널리 사귀었으므로, 先生의 周圍에는 恒常 많은 同志가 모이었으며, 無時로 바람같이 나타나 바람같이 살아지고 어디서외서 어디로 가는지 도무지 아는 사람이 없었다.

이것이 모두 運動에關한 連絡을 耳하던 까닭이며, 先生의 胸中에는 오직 民族의 將來와 祖國의 運命이 있었을뿐, 家族이나 家庭은 없었던것이다.

世稱 我副統領 省齋先生은 上海에 있었기 때문에 南의李始榮이라 하였고, 又齋先生은 主로滿洲에 있었기 때문에 北의李始榮이라 하였다.

先生의 遺骸는 아직 還國하지못하고 三源浦에 잠들어 있다. 遺族으로는 아드님 應昌氏와, 조카님 仁氏(辯護士)가 있다.

獻　詞

（李始榮先生　遺芳을　追慕하여）

어린　머리에　갑사댕기　들이고
분홍　옷고름에　筆囊을　차고
시골　글방에　책끼고　다닐때　부려
귀여운　입은　왜　沈默의　黃金으로
높은　뜻과　깊은　想이　무거웠던고？

李太白의　文章과
王羲之의　神筆과
李居의　그림　재조여
그　아름다운　큰　꽃봉오리도
이나라의　눈물로　젖어　못다　피었던고？

거룩한　일로　그리운　同志　찾으면
滿洲나　北京하늘이　멀다하리오
鴨綠江과　黃海를　숨어서　드나들제
風浪에　어지러운　破船이　두려웠으랴
그리고　두번　세번　鐵窓에　신음할제
敵의　拷問과　총칼이　무서웠으랴

임의　간장이　千萬번　썩은　눈물
겨레의　피로　끓고　烽火로　타올라서
三月萬歲로　獨立을　싸우는　날
嶺南儒林을　總動員하여　先頭에　세우고
젊은　學生軍을　자리　차고　나서게하다

아―　北滿　三源浦에　세운　韓人武官學校여
거기서　자란　鬪士여, 손수　만든　武器여
그　솜씨　그　총알　敵에　보이기　전에
아직　푸른　머리를　祖國하늘로　두고
눈　덮인　異域땅에　永遠히　식은　몸이여

"南의　李始榮"　上海의　省齋先生은
이제　大韓民國　副統領　榮位에　계시건만
"北의　李始榮"　滿洲의　又齋先生은
武官學校　옛터를　못잊어서　안오시는고……

又齋　李始榮先生　遺影

李始榮先生　筆蹟

水面長天一色空
去留心思絕無窮
欲消未得茫然立
的歷殘花落照中

譯

　물이 긴 하늘에 接하니 한빛을 이루었는데 가고오는 나의心思가 永遠히 無窮하구나.

　모든것을 살아 없애고저 하나 되지못하고 茫然히 서있으니 분명히 殘花와 落照 가운데 로다.

詩鋒每送斷幽居
一郭風流霽後初
堂前習鳥能傳樂
簷末絲蛛甚不疎

譯

　詩의 칼날이 매양 적적히 있음을 쳐부시니 한물레의 風流는 비가 개인뒤에 처음일러라. (即 이 럴때 詩를 짓는다는뜻)

　집앞에서 노래를 배우는새는 能히 風流를 전할줄 알고 추녀끝에 그물을 뜨는 거미는 심히 드물지 않게 뜬다.

尹澤振少年烈士 略傳
****

四二三七年(西紀一九○四年) 黃海道載寧郡南栗面海昌里에서 出生하였다. 비교적 富裕한 家庭에 태어났으나 일곱살때 아버지를 여의고 어머니의손에 자라났다. 아버지를 여읜것도 壽命으로 여읜것이아니라 庚戌年(倭와合併한)國恥의 悲運으로 아버지는 數十日을두고 廢食한것이 原因되어 世上을 떠나게 되었으니, 倭敵이 아버지의 목숨을 빼앗어갔다고 하는것이 옳을것이다.

이 愛國者의피를 타고난 少年은 그아버지에 못지않은 愛國者인 어머니의손에 자라나서 故鄕에서 普通學校를 卒業하고 定州五山高普에 入學하였다.

이듬해 이나라의 主權을 도로 찾으려는 民族의 一大憤怒가 爆發되었으니, 그것이 곧 三一운동이다. 三月一日 바로그날을 二三日앞두고 崔永昶 洪鳳守 安英熙 金斗榮 諸氏等 主謀者들은 바빴다. 數百個의 太極旗를 만드는것과 그밖에 모든 준비를 澤振 少年의 집에서 하였다, 여기에 澤振少年의 사람됨을 짐작할 수 있는 한 이야기가 있으니 即 澤振少年은 한마을에 사는 姜允浩 李在喆이라는 두靑年을 자기집에 초 청하였다. 이 두靑年은 나이가 다 二十五六歲된 靑年이였다. 초청을 받아온 그들에 게 澤振少年은 아침한때 함께노뉘려고 오시라고 했읍니다 하고 천연스럽게 朝飯대 접을 하였다. 두靑年이 朝飯을 마친후 澤振少年은 자 담배 피우시요 하고 담배를 권하고는, 곧 그방뎟문을 닫고 커다란 잠을쇠로 잠거버렸다. 두靑年이 들어있는 사 랑방은 뎟문만 닫으면 바로 감옥같았다. 두靑年은 무슨 영문인지 알수가 없었다.

"澤振이 왜 이러냐. 무슨 까닭으로 이러냐?"

"까닭. 그럼 까닭을 말해주마"하고 澤振少年은 엄연히 말을 시작하였다.

"이놈들 내일모래가 몇일인줄 알겠지?"

두靑年은 모래가 三月一日인 것을 알고 비로소 그 까닭을 깨달았지마는 무어라 대답할수가 없었다.

"모래가 三月一日이면, 그날 우리나라에서 무엇을 할려고 하는지 그저께밤 崔先 生님한테 들어서 잘 알았을떼지. (崔先生이란 崔永昶氏다) 三千里 錦繡江山을 倭놈 에게 빼앗기고 二千萬동포가 倭놈의 종으로 불잡힌지 十年인비, 인제 이疆土와 이 百姓을 도로찾고 獨立을 하기위하여 獨立萬歲를 부르겠다는비, 中學校까지 卒業한놈 들이 이것을 안하겠다고 한다니 네놈들은 죽여버려도 마땅하나 내 참아 죽일수는 없다. 사흘만 가두었다가 놓아줄테니 그리알라.. 지금 네놈들을 놓아주었다가는 獨立 萬歲 부르는일에 큰 지장이 생길터이므로 가두어 두는것이다. 하두 셋때밥은 줄터 니까 배골을 걱정말고 사흘만 갇혀있거라"

秋霜이요 烈日이었다. 이것이 十六歲少年의 말이었다.

이리하여 두靑年을 가두어두고 모든準備를 착착 진행시키면중, 二十八日 돌연히 崔永昶氏가 憲兵隊에 불잡혀가고 三月一日을 맞이하였다. 澤振少年은 先頭에나섰다. 南栗面에서도 憲兵隊도있고 가장 中心地인 이 海昌, 마을. 敎會堂에는 數百群衆이 모였다. 여기서 정각 열두시를 期하여 澤振少年은 宣言書를 읽었다. 제일먼저 萬歲 를 불렀다. 그리고 鐘줄을 쥐어잡고 그줄이 끈어지리만치 鐘을울렸다. 이 鐘소리에 따라 앞산과 뒷산에 또한 이마을 집집에는 太極旗가 을랐다. 時間이 지남에 따라 이마을 저마을에서 사람들이 모여들어 무려 數千명에 달하였다. 그리고는 憲兵隊로 襲擊의 行進을 개시하였다. 이 行進의 指揮者도 澤振少年이었다.

전날 불잡히어간 崔永昶氏는 재빠르게 탈출하여 미리 憲兵隊이웃집에 준비해두었 던 石油를 가져다가 憲兵隊에 불을놓았다. 憲兵隊는 순식간에 우리에게 占領되었다 그 正門에는 太極旗가 펄펄 날렸다. 그리고 面所도 占領하였다. 여기도 太極旗를 올렸다. 이날의 民族의憤怒는 海昌憲兵隊長과 憲兵한놈과 일반倭놈 몇놈을 血祭를 지냈다.

午後네시경 載寧憲兵隊에서 騎馬憲兵 數十名이 달려와서 主動者 四十餘名을 붙잡아 갔으나, 澤振少年은 이檢擧에 빠지고 그後 두달가까이 피신하였다가 아까웁게도 놈들에게 체포되었다. 그리하여 海昌서載寧 載寧서海州 海州서平壤의 各憲兵隊로 넘어 갔다. 十六歲의 어린몸으로 가는곳마다 입으로 말할수없는 酷毒한拷問을 받으면서도 오직 나 하나 죽으면 고만이지 하고 自己이외의 다른連累者는 대지않았다. 그때문에 檢擧된지 一年五個月만에 놈들의 拷問에 목숨을 빼앗기고 말았다. 때는 四二五三年(西紀一九二〇年) 九月十五日 새벽 세시였다.

讚　詞

（尹擇振少年烈士의　노래）

단군님의	무궁화	四천년을	빛나온
아름다운	三천리	억울하게	빼앗긴
한일합병	원한이	슬프고도	분해서
밥을굶고	않다가	목숨끊은	아버지
나라망한	하늘에	흰구름이	비되고
남편잃은	집안에	등잔불이	흐리나
일곱살된	아들이	가여워서	못죽고
애국자가	되라고	고이기른	어머니
아버지의	그피와	어머니의	그사랑
어린혼에	사모쳐	타오르는	불되고
자나깨나	독립만	잊지못할	꿈되어
정의의칼	갈고간	우리소년	윤택진
三一운동	준비로	윤소년의	집에서
어른들이	비밀로	태극기를	만들제
겁이나서	반대한	비국민의	청년을
말낼까봐	꾀여다	골방속에	가두다
주모하던	최선생	원수손에	잡히자
군중앞에	손들고	소년열사	뛰어나
늠름하게	선언서	소리높혀	다읽고
독립만세	만만세	선창으로	부르다
전투행진	선두에	지휘하는	윤소년
나아가자	앞으로	불질러라	부셔라
순식간에	헌병대	재밭으로	태우고
태극기를	꽂아서	하늘높이	날리다
일편단심	싸우고	죽자하던	그결심
잡혀서도	동지들	대지않고	일년반
모진총칼	고문에	어린뼈가	아스러
열일곱살	꽃봉을	나라위해	바치다

尹澤振少年烈士　遺影

朴載赫義士　略傳
＊＊＊＊＊＊＊＊＊＊＊＊＊＊＊＊

四二五三年(西紀一九二〇年)　九月二日아침　日帝侵略의關門　釜山，그釜山警察署에　한
中國書商이　나타나서　署長에게　面會를　求하였다．署長은　應諾하였다．그는　案內를받
아　二層에있는　署長室로　들어갔다．적은　卓子하나를　사이에두고　署長과　마주앉아서
몇마디　한가로운　이야기를　한다음　珍奇한古書를　求景시켜주겠다고　봇짐을　풀었다．

이冊저冊　꺼내들고　보여주는　사이에　마침내　그밑에　감추었던　爆彈과　傳單이　들
어났다．그는　곧　그傳單을집어　署長앞에　던지고　流暢한　日語로　구짖었다．

"나는　上海서　온　자람이다．네가　우리同志를잡아　우리計劃을　깨트린까닭에　우리는
너를　죽이는　것이다"

말을　마치자，그는　곧　爆彈을들어　둘이　서로　對하고앉았는　卓子한가운데다　메어
다부쳤다．이때　두사람의　相距는　겨우　二尺에　不過하였다．

轟然한　爆音과함께　두사람은　다같이　그자리에　쓰러졌다．소리를듣고　署員들이　소
스라처　놀라　그　房으로　달려들었을때　조곰前에　署長을　찾아온　中國人書商은　몸에
重傷을입고　방바닥에　쓰러져꼼짝을못하고，署長은　鮮血이　淋漓한가운데　精神을잃고
쓰러져있었다．달려들어　안아일으켜　보니　한편다리가　爆彈으로하여　끊어졌다．온　警
察署안이　그대로　벌컥　뒤집혔다．

署員들은　곧　殊常한　中國人을　留置場으로　끌려다　가두어　버렸다．그리고　署長은
病院으로　떠메어갔다．

그러면　그　殊常한　中國人은　果然　누구였던가？

아！그가　바로　우리獨立血鬪史上에　燦然히　빛나는　朴載赫義士였다．

義士는　四二二八年(西紀一八九五年)　釜山凡一洞에서　出生하여　釜山鎭普通學校와　釜
山商業學校를　卒業하였다．그前벌서　그는　倭敵에對한　抗拒의싹이　텄고，商業學校를
나오자　抗日鬪爭의　先頭에　나섰다．

"오직　祖國을爲하여　깨끗이　목숨을　바치자"

普通學校와　商業學校를　똑같이　나온　제일　信賴하는　同志　崔天澤氏에게　이런말을
한것도　商業學校를　나온　直後이었다．

그러자　三一運動이　일어났다．千萬　理論보담도　한가지　行動이　必要하다고　깨달은
그는，武器의　必要를　切實히　느끼고　海外로　亡命하였다．或은　中國各地로　或은　씽
가포을等地를　다니면서　여러　革命鬪士와　사귀니，그의　意志는　더욱　굳어졌다．

그리하여　그의　數많은　同志가　檢擧當한　釜山警察署，우선　그署長을　죽여서　同志
들의　怨恨을　풀어주자고　決心하였다．

그는　많은　中國古書를　사들여서　한짐을　만들고　그밑바닥에　獨逸製爆彈을　감추어
서　등에지고　나섰다．宛然한　山東의　書商이었다．때는　四二五三年　八月中旬이었다．

그는　黃海를건너　倭國長崎로가서　對馬島를거처　釜山에　上陸하였다．그리운　故鄕땅
이나　마음은　緊張하였다．同志崔天澤氏를　만나　하루밤을　이야기하고　九月一日　崔氏
와함께　龍頭山에　올라가서　記念寫眞을　찍은後，이튿날　即　九月二日아침　釜山警察署
長에게　爆彈의　선물을　주었던것이다．

이날의　擧事를　멀리서　보고있던　崔氏도　被捉되었다．

義士는　釜山地方法院에서　無期를받고　崔氏는　三個月만에　世上에　나왔다．

義士는　控訴하였다．그러나　大邱覆審法院에서는　死刑을　받았다．

義士는　생각해　보았다．控訴를한것도　좀더　살아서　좀더　일을　하고싶어서다．그러
나　지금　死刑이　確定되지　않았는가．於此於彼　없어질　목숨일진댄　어찌　敵의　손에
辱보기를　기다리겠느냐！내목숨을　내손으로　끊자！

이리하여 義士는 斷食한지 十二日만에 二十七歲를一期로 一生을 마치고 말았다. 때는 四二五四年 五月十二日이었다.

獻　詞

(朴載赫義士　遺芳을　追慕하여)

南國의　太陽이　타는　情熱의　바다
玄海灘의　波濤는　白虎같이　뛰건만
나라를　쫓기는　겨레의　눈물로　짜고
亡命하는　志士들의　怨恨에　千길이　짚은
슬프게도　사랑하는　故鄕　釜山을
바람처럼　海外로　날던　靑年의　옷자락이여
그리고　同志들의　密往來를　노리는　港魔에게
책보따리에　감추고　돌아온　벼락의　선물이여!

수더분하게　꾸민　中國人書商　하나
故國을　다시　보는　그의　눈은　맑은데
항상　거친　바다도　푸른　거울　낯으로
우거진　松林도　반겨　주는　龍頭山에서
그리운　同窓이며　믿는同志　崔氏와
來日엔　죽을　몸을　寫眞찍던　그　情景이여

그　하룻밤은　大膽하게　코를　골고
이튿날　九月二日엔　警察署를　訪問하여
署長室에서　책사라는　珍奇한　面談
"中國이　책　재미　호왈라, 自古로　天下제일
日本이　영감　스께베　내가　알어있어
이거　中國이　와이본　金瓶梅　진짜있어……"
그러다　爆彈　한개를　썩　꺼내　들고
유창한　日語로　秋霜같은　死刑宣告!

널　죽이고　나도　죽자는　一發의　壯擧
彼我　二尺間에　터트린　靑天벽력이여
署長은　피투성이, 마침내　거꾸러지고
아ー　義士　또한　상한채　敵에게　잡혀

辱된　死刑을　깨끗이　免하려고
一片丹心으로　斷食　十二日
"이몸이　죽어　죽어　나라만　사는　날엔
그　거룩한　스스로의　挽歌로
殉國의　길을　고요히　찾아　가다!

岐赫義士　遺影

"朴載赫義士篇"

左의 碑 옆에 앉은 분은 崔天澤氏
下左는 朴載赫義士
右는 崔天澤氏
四二五三年 九月 朴義士 舉事 前날
釜山龍頭山에서 박힌것이다

白圃 徐一先生 略傳
＊＊＊＊＊＊＊＊＊＊＊＊＊＊＊＊＊

四二一四年(西紀一八八一年) 咸北 慶源郡 安農面 金熙洞에서 誕生하였다.

스물두살에 鏡城郡 咸一師範學校를 卒業하였다.

그때 벌서 露日의 爭覇로 韓國의 政局은 흔들리기 시작하였으니, 先生은 우선 敎育에 뜻을두고 우리의 自力을 기르기에 十年이란 歲月을 보낸後, 설흔두살에 滿洲로 갔다.

東滿 汪淸縣에 자리를잡고, 거기서도 우리靑少年育英을 위하여 明東中學校를 設立하고, 많은 우리일군을 世上에 내보냈다.

한便으로 國敎 大倧敎를 信奉하여 또 施敎師로서 數年間에 數萬名의 敎友를 얻고 東一道本司典理와 總本司典講을 歷任하는同時에 五大宗旨講演 圖解 神誥講義 眞理圖說 三問一答 會三經等을 著述하여 敎理를 闡明하였다. 그中에도 會三經은 三一神誥의 眞理訓을 講解한것인데 宗理를 科學的으로 證明한 寶訣이다.

四二五二年 國內에서 三一運動이 일어나자, 이에呼應하여 滿洲벌판에서도 萬歲소리가 높아나고 우리同胞가 일어났다.

睿智와 邁勇이 兼備한 先生은 이때 同志 玄天默 曺成煥 李章寧 金佐鎭 李範奭 金奎植 桂和 鄭信等 諸氏와더불어 上海 臨時政府의 聯繫下에 北路軍政署를 設立하고, 그總裁로 推戴되였다.

이 北路軍政署의 깃빨아래로 數많은 靑年들이 모여들었다. 倭敵討滅의 피끓는 그들에게 猛烈한 軍事訓練이 實施된지 一年가까이 되어서, 저 有名한 靑山里戰役이 일어났고, 北路軍政署出身의 靑年들이 바로 이靑山里戰役의 勇士가 되였던것이다.

靑山里戰役이 끝난後 先生은 北滿 密山縣當壁鎭으로 옮겨가서 다시 機會를 기다리며, 軍務의 餘暇를타서 敎書의著述에도 沒念하던中, 四二五四年 八月二十六日 土匪群의 不意의 來襲을받아 우리의 靑年士卒이 多數 犧牲되니, 先生의 가슴은 그지없이 아팠다.

先生은 이튿날아침 마을뒤에 있는 언덕에 올라가서 叢林中에 正座하고 弘巖先生(大倧敎를 重光한 羅喆氏) 遺書中의

"鬼嘯而魅跳하니 天地之精光이 晦冥하고 蛇食而豕突하니 人族之血肉이 淋漓로다 日暮 途窮에 人間何處오"

를 朗吟하면서 永遠이 잠드니 享年이 四十一이였다.

獻　詞

（徐一先生　遺芳을　追慕하여）

총명한　눈으로　슬기의　책을　읽는
書窓에서는　白頭山이　믿읍게　微笑하고
구릿빛　나는　몸이　銀魚처럼　헤염치면
돌을　굴리는　豆滿江의　물결이　춤추는
大自然의　품에서　자라난　歷史의　아들

겨레의　運命이　구름에　흐렸을제
明日의　太陽을　다시　빛내게할
未來의　靑年들을　故鄕에서　十年育英
그리고　滿洲에서도　손수　學園을　열매
가르침은　오직　愛國의　눈물　한줄기로
우르러　받드는　檀君님의　大倧敎信仰
그　三一神誥의　眞理를　밝힌　"會三經"은
宗敎의　무지개를　科學의　鐵橋로　놓아서
數萬信徒에게　救援의　聖書가　되다

한손에는　檀神의　聖書를　높이　들고
또한손에는　降魔의　寶劍이　날카로우매
金佐鎭將軍들과　獨立軍을　일으켜
北路軍政署의　總裁로　싸운　光復의　義勇
저　天下無敵을　自慢하던　倭軍을
靑山里戰役에서　屠蕩한　原動力이여

軍歌와　神歌가　하―모니를　이루는
軍敎一致로　武裝한　사랑이여늘
아―　四二五四年　八月　어둔　밤하늘에는
무슨　亡靈의　별이　점을　그릇　첬던고
無道한　土匪는　어디　칠곳이　없어
우리　젊은　義勇兵을　피로　물들였느냐

그　이튿날　아침에　찬　이슬이　빛나든
異域의　고요한　숲에　홀로　들어가서
가엾은　部下의　怨魂을　슬피　哭하고
弘巖遺書를　朗吟하며　朝天하신　英魂이여

白圃 徐一先生 遺影

義菴 孫秉熙先生 略傳
****

四一九四年(西紀一八六一年) 清州大周里에서 誕生하니 幼時로부터 英邁하고 豪放한 氣稟이 衆에 特出하였다.

十二歲時 그兄님이 公錢四十兩을 官家에 갖다바치라 하였더니, 途中에서 凍死지경에이른 病人을보고 그돈으로 救療하고 官家에는 가져가지 않았다. 二十七歲時 槐山三巨里를 지내더니 修信使가 말뒤에 驛人을 매달고오는데 流血이 淋漓하거늘 先生은 棍棒으로 馬夫를 一擊하고 驛人을 풀어놓은後, 修信使로부터 諭書桶을 빼앗아서 근처의 못가운데 던지고 悠悠히 歸家하였다. 어느해 여름에 淸州 椒井이라는 藥水터일 가본즉, 兩班의一群이 저희끼리 藥水를 獨占하고 無勢力한 百姓들에게는 藥水를 마시지 못하게하고 있었다. 先生은 周衣를 입은채로 물더에 들어가서 맑은물은 퍼서 百姓들에게주고 흐린물은 퍼서 兩班群에게 끼어엎었었다. 그러나 兩班의 一群은 그가 누구인줄을 아는지라 짹소리 못하고 흩어져갔다.

이것도 그氣質의 한 表現이거니와 先生은 當時 特權階級에對한 反抗意識이 激烈하여 一時 浪人生活을 하였고 또 浪人群의 頭領이 되었었다.

四二一五年(西紀一八八二年) 二十二歲時 天道敎에入敎하여 以後로는 浪人生活을 一切 淸算하고 修業에 精進하여 四五年이 지난後에 비로서 第二世敎祖 崔海月先生과 對面하였다.

四二二五年 天道敎創道主 崔水雲先生이 左道亂正律에 몰려서 斬刑을當한 抑寃도풀점 民弊除去의 義擧로 그해 十一月에 數千道衆을 모아서 官側과抗爭하다가 勢不利하여 解散하였다.

四二二七年(西紀一八九四年) 國情이 官紀의腐敗와 特殊階級의 跋扈로因하여 騷然할 뿐아니라 對外的으로는 韓國에對한 露淸日三國의 對立속에서 混亂狀態에빠져있었다, 이를 是正하기爲하여 外로는 斥洋斥倭의 旗戰와 內로는 除暴救民의 大義로써 海月先生의 親命을받아 先生이 總指揮者가되어 京忠道衆 數十萬을일으켜 報恩帳內에 集合編陣後 南行하여 全琫準軍과 合勢하니 陣勢大振하여 官軍의連敗로 南韓一帶가 東學軍에 占據되었었다. 이때 淸日兩國이 出兵하여 官軍과合勢하니 여기서 東學運動은 終止符를 찍지않을수 없게되었다.

四二三〇年(西紀一八九七年) 三十七歲時 天道敎第三世 大道主가 되었다.

四二三四年(西紀一九〇一年) 國政의日非를 痛歎하여 輔國顯道의 大志를 품고 우선 上海로가서 國際情勢를 살피던중, 東洋大勢의 急轉換으로 歐美視察은 中止하고 日本으로 갔너갔다.

四二三七年(西紀一九〇四年) 露日이開戰하자, 國內의敎中頭目과 日本에亡命中인 權東鎭 吳世昌 梁漢默 趙羲淵等諸氏와 謀議하고 一方 議政大臣 尹容善과 法部大臣에게 彈劾書를 보내고 同時에 進步會란 民會를 組織케하여 一大民衆運動을 일으켰다. 即 一. 皇室을 尊重할것 二. 腐敗한政府니 肅淸更新할것 三. 露日戰爭의 機會를利用하여 我國獨立基礎를 鞏固히할것 이러한綱領을 絶叫하며 削髮黑衣로 表를한 十數萬群衆이 一時게 모여드니, 政府는大驚하여 軍隊까지 出動하고 鎭壓에 腐心하였다. 當時 一部 社會에서發起한 一進會와 合勢하여 以上綱領을 徹底實踐하려하였으나, 一進會의 頭領이던 李容九 宋秉畯等이 倭와野合하고 保護條約 贊成宣言을 發表하였다. 東京서 이 報를接한 先生은 極度로 慎慨하여 權東鎭 吳世昌 梁漢默氏等과 急遽歸國하고 李容九 宋秉畯外七十餘名을 黜敎시켰다.

四二四一年(西紀一九〇八年) 大道主의職을 朴寅浩氏에게 傳授하고, 先生은 京鄕各地의 普成小 中 專門學校와 同德女校 文彰學校等二十餘校를 經營하여 育英事業에 盡

"義菴 孫秉熙先生篇"

瘁하였고, 庚戌國恥以後 十年間은 抗日鬪爭의準備로 敎徒들의 精神的團結을 堅固히하며 組織訓練을 緻密히하여 客觀的時機가 濃熟하여짐을 窺視하였다. 一例로는 天道敎中央總部內에 義仁院이라는 議事機關을 特設하고 各大敎區에서 代議員一人式을 選拔常任케하여 高度의組織과 訓練을 實行하였다.

이러던次 一次戰後 講和條約의 基礎條件中, 民族自決의一項이 强調되었다. 때를凝視하면 先生은 우선全國에 代表地 九個所를定하여 百五日 光復祈禱를 올리게한後, 海外亡命政客들과 連絡하는한편 國內로는 權東鎭 吳世昌 崔麟 梁漢默等諸氏와 協力하여 基佛 兩敎代表와 一般社會人士들을 總網羅하여 全國各地에서 一齊蜂起하자는 指令과 宣言書를配布하고 內外呼應의 完璧態勢를 갖춘後, 二月二十七日 三十三人의 決議調印式을 擧行하고 三月一日에 "我朝鮮의 獨立國임과 朝鮮人의 自主民임"을 世界萬邦에 宣佈하였던것이다.

그後 西大門監獄에 投獄되었다가 病患으로 保釋되어 서울常春園에서 療養中 四二五五年(西紀一九二二年) 五月十九日에 世上을떠나니 享年이 六十二였다.

아래는 議政大臣 尹容善에게 보낸 彈劾書다.

生은 本以草野孤蹤으로 窮居陋巷하여 閱去半生이옵더니 得聞時耗之壯大하고 驚罷蟄蟲之夢하여 擺脫紛撓之情하고 投踵於海外하니 飄泊身勢가 於焉五載也라 眩眩肉眼이 昏昧於時局하오나 略觀天下之大勢하오니 一幅乾坤에 萬像이成形이라 於時乎 始覺活動之世界也로소이다 是時에 覽物之興이 燃然而盡하고 憂國之心이 油然自萌하여 乃自嘆自恨曰 此身此行이 實非玩景之本意而保國安民之計가 固將安在오하여 想觀吾國之形便則內無實力而外多强敵하고 外多强隣而內乏交隣之策하오니 吾國疆土를將何保重乎잇가 誠一大痛哭處也로소이다 今此日俄戰爭相桃之際에 我國疆土가 處於兩敵接兵之間하여 狼呑虎掠之勢가 想必可畏處也라 所以로 唯我大皇帝陛下께옵서 玉樓金闕에天顔이未喜하사 特圖運躍於外國公館云하오니 風說이頻頻케 血淚가潛이라 唯我三千里區域內臣民이 如有一半分忠義之心이면 豈有如是之理乎잇가 第伏念人無無頭之人이오 民無無君之民也라 今若捨彼生靈하여 不顧安危하시고 幸駕於外國之公館則憶彼生靈이 若赤子之失父母也하여 怙恃無處也라 哀此衆生이 豈不矜憐乎잇가 我國壤土가 雖曰偏小나 二千萬生靈이 不爲不多也라 使彼民子로 如若團心하여 竭誠而侍衛면 彼敵이雖有萬兵馬之强力이나 不能解一方面之堅壁이리니 然則長城이非固오 寸心이是堅也라 今我漢陽에設無一面之城하고 亦無半放之砲라도 團聚二千萬之血心하여 依之而城廓하고 勇揚二千萬之赤拳하여 代用於兵器則强敵이雖悍이나 安能害義理之士리오 今當紛亂之時하여 君民이相離而不合이면 上下棄背하여 倫理가傷矣리니 若傷倫理면 保國之計가 從何而出乎잇가 古所云治家에 思賢妻오 治國에思良相이라라하니 夫宰相은 人君之股肱也라 今 玉體가未安하사 錦玉이靡甘하시니 股肱이在玆하여 水火를何擇이오며 危險을何關乎잇가 夫獨立之權은 在於政府하고 獨立之力은 在於人民也니 弁事는在權이오 成事는在力也라 所以로得衆之利와 失衆之害를請言申之하리다 一自開明以來로民唯邦本은 世界萬國之所共知也라 所以로西洋强大之國이 討滅各國을 指不可計數也로되 民心合同之國은 不敢着手하니 此亦文明之經緯也라 大抵弱不可敵强은 古今之昭然也라 民心이雖曰合同이나 以彼堅甲利兵으로 多發軍力則奪之非難也로되 但不可無理而擅行者는 有堂堂義理而然也라 何者오國者는土地疆界之名也오 土地者는養人之一物也라 是故로國之有民이 如人之有心하니 奪其土地는欲得其人民也라 得其民保其民則林林葱葱之中에 奪其國土之利益은 易於掌中之取物也어니와 專若不然하여 滅其民而得其國則無人疆土를用之何處乎잇가 況今日俄戰爭之間에 日勝俄敗와俄勝日敗는始未預度이나 勝敗를若定이면 我國之難保는世界之通論也라 今若一失疆土하여 雙入於他敵之手則宗廟社稷은 保重이無處하고 哀彼蒼生은 必未免魚肉也리니 百歲之後에魂歸泉壤인들 何面目으로敢將容豫於先王之塋下乎잇가 縱觀天下萬國之大勢하오니 國家興廢와政治得失이

共和立憲專制三事而已也라　雖然이나在於行政之善否하니　共和기雖好나不成則亂하고　立憲
이美法이나　無實則苛하고　專制가統一이나　失中則壓制也라　政治一款은　臨時執政者之所
能不能也니　今不成蹟而論理이오며　砥伏念機有遲速하고　事有先後하니知所先後면　即近道
也러다　至於吾國形便하여는　事在迫頭하고　危如薄氷하니　雖稷卨이在朝하여　更用堯舜之
政이라도卒難興復也니　此則付之於次하고　目下急先務者有三하니　財政道政言政也라　今世界
之戰爭根因이　專由於此三者故로　世界上知覺者가評之曰　三戰世界云也라　第一財政은　天
寶之物貨也오　生民之利用也라　豈不重大者哉잇가　是故로於古及今에將欲橫行於天下者는　先
致財政於國家하나니　智謀之士는古今이一規也라　雖然이나先後天之運이　不同相異하니　先天
之運則天氣始判之數也라　以其純陰之氣로造成人物故로　仁義禮智之化가文明成德하여　民皆
爲堯舜故로　聖人이繼也而出하여　思日孜孜之中에　文物이彬興하여　海內安靜也러니　後天
之運則不然하여　曝陽之氣가貫中於球面故로　普天之下가澎然大動하여　研究之中에無物不成
하니　成形而起者는意見이大達하여　先以亡藝로　開明於天下하니廣之　大莫可量也라　今所
謂文明諸國이　弋利有術하니　透理於物理化學하여　玩好珍寶를　無數製造而出品於外國하니
此乃研究中計策也라　豈不讚揚者哉잇가　我國은東球中文明舊邦으로　民習이沈潛於安樂하여
知有耕鑿之爲事하고　尙未覺大一變之數하니　活動之氣가　由是而縮迫이라　所以로農商工業
이有時而未振하니　財産이從何而出乎잇가　似然其然之際에　外國之人이　投彼人造之物하여
嘗試於全國則蒙昧餘生이　不謀製造之方策하고　但迷惑於用道之便利하여　見輒貿用하니　由是
而即自畿內로　以至於各道各鄕이一家産之內에　外國之物이十居八九也라　大抵天産은用之有
竭하고　人造는　有增無減하나니　費此有限之財政하여　買彼不竭之物品則　財産을從何以保
護乎잇가　究其實則人人이　各賣國土而日用者也라　苟如是而不已則三千里疆土가　不幾而盡
矣러다　況且吾國鑛産은　即天産中第一個利益也라　金銀銅鐵之善産名鑛은　沒入於外人之手
하여　利機械良技師가晝夜開採하니　是는彼映膏澤也오　沿海之船利와陸上之鐵路가　俱是財
利上要害者也라　上項諸般利益이全歸於外人之手하니　吾國所餘는即一空殼而已也라　專到此
境而若不醒心血誠이면　何以保吾國乎잇가　且以人民으로論之라도　外國之人은　才藝가太達하
고　我國之人은如是蒙昧하나　外國之人이何其獨賢이며　我國之人이　何其獨愚昧乎잇가　緻
密思惟컨대萬無是理也라　斯世之人이俱以一氣之所靈으로　稟賦於斯世之運者　何特有彼賢民
愚之區別也哉잇가　彼文明之國은　先透物理하여　養人材而達其技故로　容易於進步之地也라
今若洞開四門하고　招擧才子하여　雖小技之才能이나　褒之以重賞하고　良工者는特許專賣하
여　利其財而發其身則民이興起하여　世幾之年에離婁之明과　公輸子之巧가　接踵而至矣리니
今二千萬生靈之中에　何患無才能也잇가　擇賢才能이如求良馬하니　昔에郭隗는　散金而買千
里馬之死骨하여　致千里馬者三焉하니　良相이行計에　謀無不中也니이다　西洋之人은　才藝
를必達하여　人造之術이逐物必備하니　此則可學而引用者也라　今我國大家世族之子弟로　以
至於庶人之俊秀로　遊學於外國하여　士農工商之業을　無不通知以後에　達其才而需用於國則
此乃國家之楨杆也니　豈非捷徑之計策乎잇가　事若不然則民窮財盡하야　各自無資身之策하리
니　獨立之力이從何而出乎잇가　是故로　第一急先務者財政也오　第二道政者는　主教之謂也니
化民成俗之政策也라　國無主教면民無率性하여　各自爲心故로政法이不行하나니　是故로於古
及今에國無道而興昌者　未之有也니이다……中略……生亦東土生靈也라　爲國家濟蒼生之心은
其義則一般也而方今時局之危險下에　國土山川이時日을難保하니　然則二千萬生靈이　奚接
於何處乎잇가　事勢가如此故로　敢將衷曲之情하와　以表微微之誠하오니　勿以人微而言賤하
옵고　薄言試之하옵소서　今此經國之勢가　若將大車而運服하니　未輸其載而將迫이면　可正
其服이어니와　載輪其載而請助면　雖勞나無功하리니　今大勢未傾之前에　急圖方針하옵소서
伏惟嘆恨者는　吾國이交通萬國以來로　于今二十餘年之久矣로되　尙未覺文明之經緯하여　有
道者를害之而不能用하니　是는才能者之所絶望也로소이다　今在囚人金祖均은　雖無才能之拔
萃나　斷斷有人之德義하니　置之於麾下하여　先以試可하옵소서　今開明之國이開明則開明이

나 姑未覺歸眞之文明也로되 吾國之民은 隱隱之中에守團心하여 庶幾乎進善進美之境하니 今若用其言而勿疑則沛然民心이 如湧泉之赴壑하여 功必倍之하리이다. 夫如是則吾國之富强이 亦不下於外國而不幾之年에 必爲政於天下하리니 是故로開明之遲速이 亦係乎國敎之優劣也니이다 事未成而言先發은 殆近於沒覺者之無廉이오나 如若用之而无驗이면 施之以國律하옵소서 目今吾國之事勢가 獨立與中立之間에 外國之威逼은 不可回避也오 利寶之請求는 亦不可必無也라 一從請求而施用不已則國土財産은 必至於無遺之境하리니 當其時也하여 政府가獨何以勢力으로 對抗外國乎잇가 協民心而揚民權이어야 以對天下하리이다 然則爲邦之本은民心也오 化民之本은道也라 故로第二必要者는道政也오 第三言政者는 今當萬國交通之際하여 外交는不可無者也라 大抵交際之地에 不無有事하고 有事之地에不無利害之得失하고 得失之地에亦不無經緯하니 經緯가分明則出言이 無不得利하고 經緯가不明則發言이無不失敗하나니 是는無他라昏暗於外勢하여 未知外國之物情法律故로 事理未達하여 不能當外人之智慧하나니 智慧未達則人氣가柔懦하여 向敵而不能振威也라 然則强敵이 壓視하여 以屍體로待之하리니 夫如是則何以保獨立乎잇가 是故로抄擇靑年才子而遊學於外國하여 明知外國之物情하며 事之便利者를學以習之하여 以開後進學力則交際於天下各國이라도 無屈於天下之人也라 然則國家之强力이 果何如哉잇가 是故로第三必要者는 言政也라하나이다 斯言也別無他理하니 非曰能也로되 官職之臣과 草野之臣이 其地則不同하여 雖有貴賤之別이오나 分憂之地에切迫之誠이 不已於方寸之心하고 事在時急而今若不行則必也莫奈何之勢故로 敢冒猥越之心하옵고 煩瀆于槐院之在하오니 語不近似이오나 伏望得聞于天聰之下하사 以一場風雲之手段으로 急圖濟世之方針하옵소서 但謀奇而勢短則行之不得이어니와 勢足而謀不行은 不爲也언정非不能也니이다 嘗今士君子之才能이 實非勢之不能也오 知之而不能成謀者는 衆心이不得團聚하여 綱力이不立也니이다 大抵君子之德은風也오小人之德은草也니 今良相이立綱則從風而不偃者未之有也니이다 伏願 閣下는一借理陰陽順四時之精力하여 上以輔天聰하옵고 統率人心하와 以保國家之永福하옵소서 苟究切迫之事勢하오면 生이伏當及今渡海하여 百拜趨進於大相府下하와 傾腹而納說이오나 然而姑今知識이未達하와 不能齒於經綸之地故로 益加遊覽於天下하여 快濶學識以後에 早晚間還歸於化育之下하여 幸助一臂之力하옵고 以報聖上萬一之恩을 伏以思之하옵나이다

獻　　詞

（孫秉熙先生　遺芳을　追慕하여）

아름다운　꽃나무　싹부터　향기롭　듯
어린魂　슬기로워　귀와　눈　밝고
湖水같은　마음씨　슬기보다　어질어
이웃과　길가　사람　사랑으로　울어　주고
그러나　그　사랑　눈물에만　젖지　않아
글음과　허물　미워하는　義로운　뜻은
權力에도　金力에도　노염의　화살을　던져！

코　흘리며　응석할　열두살　때에
官에　바칠　구실돈　묵직한　적대
추위에　떠는　病人에게　선뜻　내주기
藥水터에　행악하는　兩班따위　물벼락　치고
목마른　물군에게　골고루　물　떠주기
汚吏의　諭書桶을　못속에　떠　감기기

飄然한　그　浪人이　飜然히　道人되자
天賦의　仁義智勇　제　그릇에　빛나서
天道敎　第三世敎祖의　높은　燈을　밝히다
그　愛國至誠은　敎理의　信仰이　되고
그　많은　敎徒는　獨立戰의　宗敎軍　되고
二十餘校의　育英靑年은　豫備軍　되어
오직　民族實力에　땀　흘린　隱忍의　待機……

마침내　歷史分水嶺에　民族自決의　黎明이　오자
民族을　代表하여　正義의　쇠북　울리고
三十三人　宣言에　목숨　걸어　외치매
三千萬　가슴마다　불같은　피를　뎌우다

아―　그　거룩한　싸움의　몸
끔직한　獄舍에서　모진　病들어
常春園의　藥石도　이내　보람이　없이
五月의　가는　봄과　슬피　사라졌으나
이제　나라선　이江山　임　무덤　위에
임　부르는　봄바람　自由에　빛나도다

義菴　孫秉熙先生　遺影

上은 孫秉熙先生
下는 四二三八年頃 日本東京 亡命時
前列左로부터 權東鎭 吳世昌 趙義聞 諸氏
後列左로부터 梁漢默 李軫筬 崔廷德 諸氏

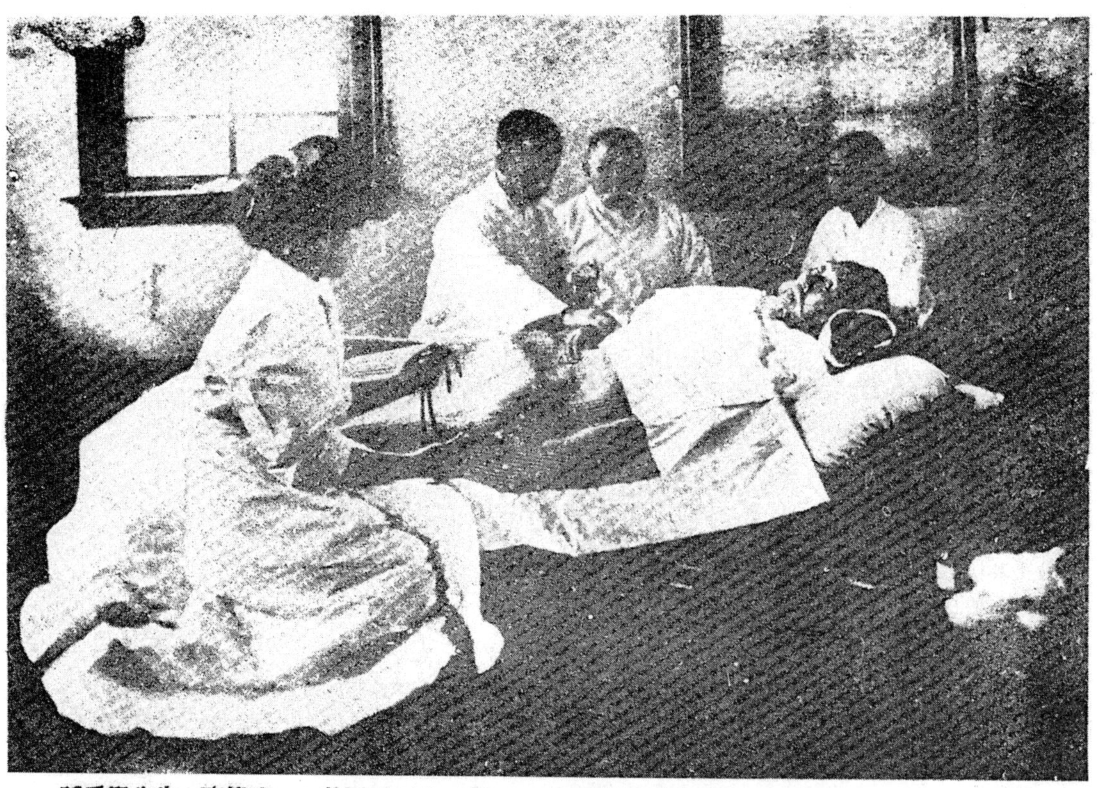

孫秉熙先生 臨終時……執脈하는분 右는 天道敎第四世大道主 朴寅浩氏. 先生의 머리말에 앉은분은 先生의夫人 下는 三一運動當時의 新聞記事. 敵의機關紙 每日申報의記事니 特히 參酌하여 읽으라.

孫秉熙等四十七名

豫審終決

內亂罪로 決定

자임일다 방법위에서고 등법원으로이판되얏다

罪狀

(五) 京城天道敎大師 權秉悳……
(一) 京城天道敎月報課長 李鍾一……
(六一) 平壤天道敎新師範 ……
(四八) 金……
(四三) 京城天道敎大道正 ……
(五六) 京城天道敎長老 李鍾勳……
(六四) 同 洪秉璂(五一)……全北 金……
(五四) 平北 ……
天道敎敎師 朴準承(五四) 平北……
耶蘇敎長老 李……
監理敎牧師 崔聖模(四七) 平北……
貞洞耶蘇敎師 ……(五五)
平北耶蘇敎長老 ……(五○)
平北耶蘇敎牧師 ……(五八)
平北耶蘇敎牧師 梁旬伯(五○)
京城致부란스病院事務員 李甲成(三六) 京城耶蘇敎師 ……
京城基督敎傳道師 金昌俊(三二) 京城牧師 金昌俊……
京城牧師 李弼柱(五一) 京城牧師 ……
京城基督敎新報社書記 朴熙完(三四) 元山牧師 ……
吳華英(四○) 京城牧師 ……
白龍城(五六) ……
[이하 판독 불가]

一審으로서

終審

密訴上訴는不許

永島土任判事談

主文

피고등에디흔본 건은판활이다른 것으로흠, 각피
고에티흔구앵 발호구류장은이 것을보존흠

京城地方法院
豫審掛
朝鮮總督府
判事
永島雄藏

睨觀 申圭植先生 略傳
****

李朝의名儒 申叔舟先生의 十七代孫으로 四二一三年(西紀一八八〇年) 서울서 出生하여, 세살때 忠北 淸州郡 加德面 仁次里로 移徙하였다.

어려서부터 才德이 出衆하고 十六歲때까지는 故鄕에서 漢文을 배우다가 十七歲때에 비로소 世上에對한 抱負를가지고 서울로 올라와서 官立漢語學校에서 四年간 螢雪의功을 쌓다. 다시 武官學校를 나와서 陸軍參尉로 任命되고 그後 몇해를 지나는 동안 陸軍副尉로 昇進되었다.

그러나 國運은 날로 기울어져가니 우리의젊은 將校는 부질없이 칼자루만 부들고 뜨거운 눈물을 뿌릴뿐이었다.

이러는중 和蘭 海牙事件이 일어나매, 當時 韓國政府에서는 罔知所措하여 여러가지 屈辱을 참으면서 形骸만남았던 軍隊마저 解散해버리니 西小門軍營에는 銃소리가 요란하고 온長安이 물끓듯하였다.

이때 先生은 陸軍副尉의몸으로 胸中에서 솟치오르는 悲憤을 禁치못하여 斷然 決意하고 쇠잔한 목숨을 大漢門앞에 바치려하였으나 여러同志의 挽留로 그러지도 못하고 鬱憤한 心情은 더욱甚하여 或은 大韓協會에 一臂의 힘을 쓰고 或은 人材育英에 뜻을두어 中東學校에서 敎鞭을 잡다가, 다시 여러有志와 더불어 鑛業會社를 發起하여 地下資源 發堀에 힘을쓰고, 工業振興을 爲하여 學徒를 養成해서 分院磁器를 復活시키는등 있는힘을 다해보았으나, 激流와같이 닥쳐오는 大勢를 적은 힘으로 어찌 막을수 있었으리요! 드디어 庚戌의國恥가 오고 民族의運命이 눈물속에 幕을 닫히었다.

先生은 亡國의 悲憤을 뼈저리게 느끼면서 그대로 一年이란 歲月을 鑛業會社에서 보내다가 이듬해 漢陽의 바람도찬 四二四四年 十一月 어떤날 飄然히 中國으로 떠났다.

中國各地를 巡歷하며 八九星霜을 보내는 사이에, 中國의 有名한 政治家들과 交遊하고, 더욱 南方政客의巨頭 孫逸仙 陳其美氏等과 斷金之交를 맺고 또 陳其美氏와는 同濟社라는 團體를 組織하여 活動하였다.

庚戌國恥以後 十年동안 敵의酷毒한 壓制에도 民族의피는 식지않고, 그 피가 다시 끓어올라 이나라 三千里에 自主와 自由를 부르짖는 一大進軍이 시작되었을때, 各國에 흩어져있던 우리革命家들은 구름같이 上海로 모여들어 臨時政府를 樹立하였다. 中國政界에 精通한 先生은 司法總長의 任을맡고 또 總理代理를 兼하여 눈부신 活躍을 하였고, 臨政代表로 孫逸仙氏의 廣東政府와 여러가지 交涉을하여 많은 成果를 거두었다.

敎育事業으로는 博達學院이라는 學校를 設立하여 人材를 養成하고 “震檀”이란 雜誌를 發行하여 民族精神 昂揚에아울러 獨立思想을 鼓吹하였다. 宗敎는 大倧敎를 信奉하여 檀君님을받드는 이 敎를爲하여 盡力하였다.

이렇듯 祖國의 光復을 夢寐에도 잊지않고 오직 이나라 이民族을위하여 맘과몸을 아낌없이 바치던중 病床에 눕게되어 오랫동안 신고하다가 上海의一隅에서 四十三歲를一期로 世上을 떠나니 때는 四二五五年 陰八月五日이었다.

著書로는 祖國精神을 强調한 “韓國魂”이 有名하고 詩集 “兒目淚”가 있다.
“兒目淚”中의 一節 忠武公의 三一四週忌날에 지은詩 一首를 紹介한다.
　　　樓船叱咤仰雄風　百世難忘忠武公　誓海盟山成鐵甲　倭兵十萬化沙虫
　　　露梁寂莫龜龍冷　手按遺圖倍愴神　水麗山明韓半島　秀靈再毓仰斯人
【譯】樓船을 叱咤한 雄風을 우럴어보니, 忠武公의 偉勳이 百世에 難忘이로다.

誓海盟山하고 鐵甲船을 이루니, 倭兵十萬이 모래벌레가 돼였도다. 露梁(忠武公의 戰歿地)이 寂莫해지고 龜龍이 싸느랗게 식었나니, 遺圖(忠武公의 肖像인듯 하다)를 어루만지매, 愴神함이 더욱 더하구나! 水麗山明한 韓半島에 秀靈한 氣運으로 향려한 偉大한 人物이 다시 나게 바라노라.

獻 詞

(申圭植先生 遺芳을 追慕하여)

李朝文化에 찬란하던 名儒의 한분
申叔舟의 血統이은 十七代의 後裔로
淸洲고향 한家門에 태어난
丹齋 申采浩와 金玉을 다투던 英才

기울어진 國運을 干城되어 救하려고
陸軍將校의 젊은 피를 태웠으나
아— 國軍이 解散으로 욕보는 날에
西小門軍營 허무려지는 총소리 듣고
大漢門앞에 엎드려 萬歲부르고
스스로 찔르려던 軍刀의 悲憤이여

靑年의 未來를 위해서 잡던 敎鞭도
岩石을 뚫고 地下資源을 파던 希望도
高麗磁器를 復活꿈꾸던 工業文化도
이땅에서 끝끝내 싸우자는 苦衷이언만
그 군색한 合法運動도 마침내 斷念하고
中國에 亡命한 十年星霜 싸움이여
孫逸仙 陳其美와 同文의 손을 잡고
"同濟社"의 기빨을 새로 날리며
弱小民族解放의 共同戰線을 맺고
上海臨時政府에 이바지한 뚜렷한 功績이여

民族固有의 神敎를 새時代에 빛내고자
"震檀"誌를 發刊하며 檀君받들어
人類精神의 거울을 밝혀 가면서
獨立戰取의 쇠북을 높이 울리다
上海 客舍에서 願못풀고 가신 遺志여

그 熱血의 名著 "韓國魂"에
어떤 懦夫가있어 칼을 들지 않았으리오
그 눈물의 詩集 "兒目淚"에
어떤 木石이있어 感激의 눈물을 애꼈으리오

晩觀　申圭植先生　遺影

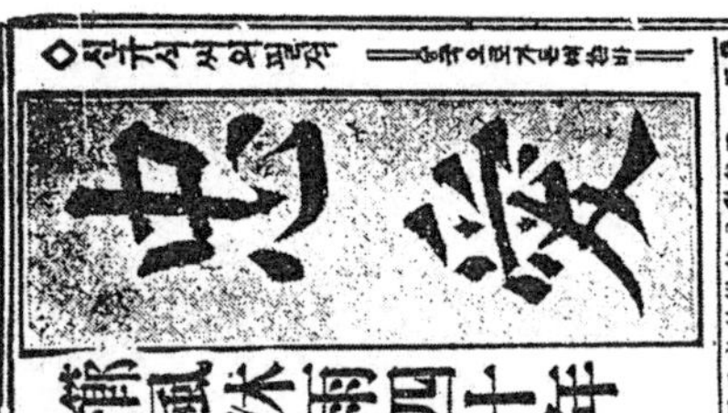

上은　中國友人과
南京　서……右가
申圭植先生. 下의
新聞은　東亞日報
敵年號　大正十一
年　九月二十八日
號에서.

桂園 盧伯麟將軍, 略傳
※※※※※※※※※※※※※※※※※※※※※※

桂園 盧伯麟將軍은 四二〇七年(西紀一八七四年) 黃海道 豐州에서 났다. 어려서부터 뛰어나게 힘이세어 故鄕어른들이 이애는 크면 項羽같은 大將이 될애야 驚歎을 마쳐않았고, 將軍스스로도 어린 마음에나마 어떤自信이 있었던지 나는 크면 말잘하구 쌈잘하는 大將이될테야 하는것이 항용 즐쳐서하는 말이었다.

故鄕에서 漢文을 배우다가 드디어 大將이되려는 雄志를품고 서울로왔다. 政府에서 보내는 外國留學生에 뽑히어 日本陸軍士官學校에 官費生으로 들어갔다. 祖國防衛의 第一線指導者가 되려는 重大使命을 自負하고 靑春의情熱을 쏟아 修業에힘쓰니 日人 秀才를 멀리 물리치고 優秀한 成績으로 士官學校를 卒業하였다.

歸國後 靑年將校로서 武官學校의 敎官이되어 後進의養成에 갖은精誠과 情熱을 기울였으나 國勢는 이미 氣盡脈盡하여 四二四〇年(西紀一九〇七年) 七月二十四日 드디어 우리軍隊는 解散되고 말았다.

將軍은 軍籍을떠나 悲憤의날을 보내는동안 三年이란 歲月이 흐르니 나라는 될대로되어 倭와 倂合의慘運에까지 이르렀다.

그는 亡國의怨恨을 가슴속깊이 품고, 飄然히 落鄕하였다. 그려나 放鄕에서도 倭官憲의 監視로 말미아마 無爲한歲月을 보낼수가없어 所謂 事業이란것을 한다고 遂安金鑛에 손을대었고, 또 서울鍾路에 皮革商을 변일도 있다.

이럭저럭 四.五年을 지내다가 다시 再起할날을 期約하고 四二四七年(西紀一九一四 美國으로 갔다.

거기서 有力한 在留同胞와 美國有志의 聲援을얻어 "캘리포니아"에 航空學校를 設立하였다. 이것은 將軍의 時代에對한 銳敏한 感受性을 말한것으로서 將次 航空時代가 올것을 豫測한것은 勿論이다.

그리하여 抗日鬪爭의 精銳가될 우리航空勇士를 練成하려고 오직 誠과熱을 아낌없이 기울였다. 그러나 將軍의 참뜻을알고 그 뜻을받드는 우리靑年이 별반 나타나지 않음은 實로 遺憾이었다.

美國서 六年을보내고 三一運動이 일어나자 將軍은 곧 上海로 달려갔다. 上海에는 우리獨立運動의 巨星들이 구름같이 모여들어서 臨時政府를 樹立하매, 將軍은 軍務總長의 重任을맡고 모든 惡條件과 文字그대로 惡戰苦鬪하였던 것이다.

將軍은 돌아가실때까지 대개는 옛날 韓國軍服을 그대고 着用하였다. 그것은 어디까지나 自身을 韓國軍人으로 處한것이오 韓國軍人으로서의 矜持를 固持하는 精神의 表徵인것이다. 그 마음은 언제나 祖國의 하늘을 徘徊하였고 그 뜻은 夢寐에도 祖國의光復을 念願하여 마치않았었다.

무엇보다 國防을 重要視하는 將軍은 맏아드님은 여러가지 점을 參酌하여 軍人을 만들지 못하였으나 둘째아드님 和敬(一名泰俊)氏는 어쩌 하여서든지 훌륭한 軍人으로서 世上에 내어놓고 싶었다.

和敬氏가 少年時代 將軍은 가끔 그의 머리를 쓰다듬어주며 "너는 부디 훌륭한 軍人이되어 祖國光復에 힘을써야한다"고 自身이 이루지못한일을 어린아들에게 依託하는것이었다. 돌아가실때 和敬氏는 나이 열다섯이었다.

때고는 中國집 二層난간을 말삼아라고 東北쪽 하늘을 바라보며

"盧將軍이 말타고 南大門入城한다"고 외치기도 하였다. 그때는 이미 健康을 몹씨 傷하여 옛날의 元氣旺盛한 威風은 간곳없고, 極度의 生活難과 自己自身의 前途에對한 絕望으로 緣由함인지 精神異常의 徵兆가 보인배였다.

그려다가 四二五八年(西紀一九二五年) 一月二十一日저녁 어디서 喪家가 난모양인지

"桂園 盧伯麟將軍篇"

中國"서남"소리가 구슬프게 들려오는 저녁, 오래 病席에누어 呻吟하던 將軍은 이날이 구슬픈저녁에 드디어 永遠히 눈을 감았다.

빙 둘러앉은 아드님과 따님들에게 마즈막으로 남긴 말씀은

"祖國을 잊어서는 안된다"는 것이었다. 때에 享年이 五十二였다.

둘째아드님 和敬氏는 그後 先親의 말씀대로 中國 黃浦軍官學校를 卒業하여 훌륭한 軍人이 되었다. 將軍도 地下에서 瞑目할것이다.

獻　詞

（盧伯麟將軍의　遺芳을　追慕하여）

그리운 임故鄕은 아름다운 豐川땅

그 맑은 시냇물 촬촬 돌을 굴리고

푸른 언덕 위에 얼룩소 힘차게 울제

쏜살 같은 물기운 거슬려 뜬 産湯에

우렁찬 첫소리 치고 임은 나다

東亞의 風雲이 三巴戰에 흐린 韓末에

東편에선 사나운 범이 으르릉대고

西쪽에선 음흉한 이리가 넘실대고

北방에선 엉큼한 곰이 넘성대는데

기름진 이江山의 어진 羊떼들이여

아— 창들고 救할 勇士 임 아니고 누구냐!

그 웅장한 뜻을 波濤에 싣고 건너

日本士官學校에 으뜸가게 배우고

우리靑年에게 花郞再現을 꾀하였건만

그 정성 쌓은 國軍의 城은 문어졌으매

아— 軍人이 칼을 뺏긴 외로운 그림자여

落鄕 商旅의 울적한 失意의 放浪이여

倭敵에 눈초리에 할일과 있을곳 없어

멀리 美國으로 自由를 찾은 亡命이여

그 나라 願하는 슬픔 불날개로 타올라

異域하늘에서 航空學校 세우고 수리를 길러

己未年 獨立萬歲에 참을수 없어

불연듯이 亡命의 길을 上海로 달려가서

臨政 軍務總長의 칼날을 갈고 갈았으나

아— 하늘을 원망하는 平生의 하소연이여

"南大門을 열어라 盧將軍 入城한다!"

그 눈물이 綿綿서린 非夢의 길로

해진 韓國軍服을 누덕누덕 기워가며

國籍과 軍籍을 愛着하다 가신 임이여

桂園 盧伯麟將軍 遺影

韓國武官學校敎官時代……後列 左로부터 李甲 金弼淳 盧伯麟 柳東悅 李東輝 諸氏.
中列 左로부터 첫째는 金마리아女史.

"桂園 盧伯麟將軍篇"

上海에서 長逝한 遊한

桂園盧伯麟氏

【大正十四年十一月二十二日】

鴨江可航가

光武二年에

高仁德先生　略傳
****

四二二〇年(西紀一八八七年)　慶南密陽邑　內二洞에서　出生하였다.

五條約이　發表되고　七條約이　發表되어　國家의　運命이　殘燈처럼　아스러질때, 大邱啓聖中學을　나와써　그길로　救國運動의　一線에　나섰다. 뒤를이어　庚戌國恥가오고　日帝의　武斷政治가　이나라　이民族을　餘地없이　强壓하매, 先生은　敵에對한　怨恨이　骨髓에　맺히어　다시　뜻을세우고　憤然　故鄕을떠나　滿洲로갔다. 때는　四二五一年　十一月이었다.

吉林과　上海等地로　다니며　猛烈히　獨立運動을　展開하다가　己未年에　國內에서　三一運動이　이러나자　上海에서　同志　李鍾岩氏等과　謀議하고　故國으로　돌아왔다. 그해　三月이었다. 上海에서　購入한　多數한　爆彈을　가지고　먼저　故鄕인　密陽으로갔다. 敵重要人物과　施設을　殺戮　破壞하자는　目的이다.

그리하여　爆破의　烽火를　먼저　密陽에서부터　들려하였으나, 일이　中途에서　敵에發覺되어, 그것으로　三年刑을받고　大邱刑務所에서　服役하다가　一年六個月만에　假出獄으로　釋放되었다.

出獄後　海外의　同志와　緊密한　連絡을　取할兼　武器를　購入하려고, 家産全部를　팔아　三千圓을　만들어서　그돈으로　特派員을　上海에　보내었다.

四二五八年(西紀一九二五年)　十月頃　拳銃과　爆彈等　武器多數를　準備하고, 李鍾岩裵重世　韓鳳仁氏外　여러同志와　더불어　世上이　뒤집혀질　計劃을　하여놓고, 막　擧事하려할　그때, 怨痛하게도　敵에　探知되었다.

그리하여　慶北警察部에　檢擧되었다가　그이듬해　十二月十八日부터　大邱地方法院에서　公判이　시작되었다.

이날　開廷前後의　實景을　十二月二十日　朝鮮日報는　다음과같이　傳하였다.

……公判은　十八日　午後零時十分에　大邱地方法院　刑事第一號法廷에서　嚴重한　警戒裡에　開廷되었는데, 被告中　高仁德은　身病으로　말미아마　出廷치　못하였으므로　分離開廷키로　하였는데, 워체　事件이　重大하니만큼　傍聽人도　많아　定刻前부터　潮水같이　밀려온　傍聽人은　無慮二百名에　達하였는바　이러한　關係로　大邱地方法院에서　第一큰　一號法廷을　가리어　開廷하였음에도　傍聽人이　넘치어　할수없이　그대로　돌아간　사람이　또한　百餘名에　達하였었다. 그런데　미리부터　法廷의　混雜을　豫想한　警察을　비롯하여　大邱憲兵分隊에서는　正私服警官과　私服憲兵隊員　約四十餘名을　풀어　廷內와　廷外를　물한방울　샐틈없이　警戒하고, 傍聽者는　男女老弱을　勿論하고　一一이　머리로부터　발끝까지　緻嚴重한　身體搜索을　하여　緊張한　空氣는　終日토록　同法院을　싸고돌았는바　傍聽人中에는　特히　被告들의　家族과　親友들이　많았으며　被告中　高仁德의　家族들은　멀리　密陽에서　傍聽하러　왔다가　그대로　돌아갔었다……

이　報道와같이, 先生은　病으로　말미아마　이　公判때에도　出廷하지　못하였거니와, 그로서　겨우　사흘이　지난　二十一日　곧　四二五九年　十二月二十一日　午後八時에　大邱刑務所안에서　四十歲를　一期로　恨많은　世上을　떠나고　말았다.

獻 詞

(高仁德先生 遺芳을 追慕하여)

海外에서 싸우는 亡命의 꿈은
비오는 밤에도 祖國하늘의 별만 그리워서
그 반가운 信號만 점치며 비는 마음
三一萬歲의 봄의 烽火를 보고
번개처럼 入國한 壯擧의 秘策이여

惡魔의 귀에는 옳은말 들릴리가 없으매
총에는 총을! 칼에는 칼을!
武斷의 暴壓에는 武斷의 抗戰으로
上海선물의 爆彈洗禮를 퍼부렸으나
아— 그것이 터지기前에 三年의 獄苦!

터트리지 못한 義彈의 심짓불을
마음 속에 태우며 태우며 出獄한 宿怨
내 땅과 내 집을 판 軍資金으로
또다시 同志를 보내 武器를 購入하고
敵의 伏魔殿을 뒤집어 엎으려는 前夜에
아— 壯擧의 運은 또다시 水泡가 되매
싸움의 잘못이 아니라 하늘이 너무 無心했도다

一片丹心의 民族魂을 生命과 바꿔 넣은
그 義彈을 또 빼앗긴 가슴의 터지는데
그 가슴에 拷問의 못이 깊이 박혀서
마침내 不治의 몸을 獄裡에서 呻吟할제
敵廷에서 싸우는 同志들만의
그 公判鬪爭이 얼마나 궁금했던고

故鄕에서 悲憤한 家族들이
生前에 한번더 만나서 함께 울어 보려고
바람 찬 百里길을 찾아왔건만
公判에도 못나오는 危篤의 悲報!
아— 그리고 사흘이 지난 추운 저녁에
눈 감겨 주는 따뜻한 손하나 없이
同志들도 모르게 외롭게 가신 魂이여

高仁德先生　遺影

全協先生 略傳

****

四二一一年(西紀一八七八年) 서울서 出生하였다.

스물한살때 農商工部의 主事가 되였고 그後 富平郡守를 지내다가, 國運이 점점 기울어져감을 보고 四二四二年에 家族全部를 데리고 吉林으로 移徙하였다.

奉天서 大同團組織

그리고서 갖은活動을 개시하여 己未年에는 여러同志와 함께 奉天省에서 大同團을 組織하였는바, 이 大同團이 組織된 直後의活動이 서울彰義門밖 洗劍亭을 中心으로한 活動이었다.

三一運動以後 여러秘密結社가 組織되기 시작하자, 先生은 統一없는 여러團體가 各各 對立하여 勢力이 分散되는것을 아깝게 여기고, 우리의 革命勢力을 한곳에 集中하는同時에 第二次宣言을 發表하려고 計劃을 세웠다. 그리고 여기서부터 當時에 第一 統一的組織的이었다는 同團의活動이 시작되였던것이다.

一 大 集 權 的 團 體 完 成

우선 老人階級에 勢力을 가지고있는 儒林團을 일으키는同時에 褓負商을 統合하려고 當時男爵이던 金嘉鎭氏를 大同團總裁로 推戴하였다. 한편으로 學生을 煽動하고 敎會와 連絡을取하며, 海外에있는 여러團體의 氣脈을通하여 一大集權的 團體를 完成하였다. 그런바 敵은 恒常 우리秘密團體의 偵察檢擧에 全力을 다하였으며, 또 敵에 잡힌 同志中에서도 때로 秘密을 綻露시키는 反動分子가 없지아니하였다. 그러므로 團員끼리도 儒林에서 하는일을 褓負商에서 모르고 學生사이에서 하는일을 敎會側에서 알수없도록 組織하여두고 그總轄的運營만을 先生外 몇사람이 말아서 하게되였다. 이리하여 同團의活動은 한거름두거름 앞으로 나아감에따라 京鄕各地에있는 富豪로부터 資金을 변통하여 가지고, 國內에있는 靑年團 宗敎團 其他學生들에게 運動方針을 指導하는 秘密文書를 或은活版 或은 騰寫版으로 印刷해가지고 敵의눈을 피하여 가지가색으로 變色하고, 낮에는 浮浪者를 假裝하며 밤이면 배추장사 或은 喪主等으로 變裝하여 그 文書를 各處에 配布하였다.

李堈公을 上海로모시려고, 智囊의着眼은 公平洞三番地

이렇게 團員이 차차 부러가고 事業이점점 많아감에따라 資金의必要를 切實히 느끼고, 또當時 內外情勢가 朝鮮王家로하여금 獨立運動에 加擔케하는것이 매우 必要한 일이라고 깨다른 先生은, 우선 李堈公을 上海로모시고가서 內外의耳目을 놀라게하는 同時에 資金募集에도 한 도움이 되게하려고 計劃을세웠다. 그리하여 李堈公의 邸宅과 가까운 서울公平洞三番地의 집을 세내어가지고 여기에 根據를 두고서 李堈公을 直接 만나려고 百方으로 計劃하였으나 敵의눈을 피하여다니는 몸으로 李堈公을 直接 만나기는 여간 어려운일이 아니였으니 先生의 知囊에서는 장차 어떠한 計策이 나왔는가?

富豪를假裝코 計劃을着着進行

李堈公의 邸宅에는 敵警의눈이 晝夜로떠나지 아니하여 普通사람의 出入을嚴禁하고 片紙까지 自由로 들여보내지 못하므로, 公의意思를 알아낼道理가 없어서 先生은 當時 總督府의 密偵으로있는 鄭雲復과 李堈公의 車夫 金三福을 利用키로하였다. 그리하여 李堈公을 暫間 自己네의 根據地인 公平洞三番地로 모셔내올 작정을하고, 自己는 값비싼 綿營것에 華麗한 비단옷을입고 돈많은 全羅道富豪로 變裝하였다. 그리고 同志中 鄭南用 羅昌憲氏等을 自己下人으로 행세를시켜서 기다란 담뱃대를 들려가지고, 自己와같이 다니게하는한便 同志 宋世浩氏에게는 거간꾼行勢를 하게하였다.

香椎漁場흥정 鄭雲復이仲介

이리하여 돈많은 全羅道富者가 李堈公所有의 釜山香椎漁場을 사려고 서울로 왔다는말을 各方面에 퍼트린後, 거간꾼으로 行勢케한 宋世浩氏로 하여금, 李堈公邸宅에 出入하는 鄭雲復에게 李堈公께서 漁場을 팔겠다는 承諾만 얻으면 그契約金으로 現金三萬圓을 버는同時에 賣買仲介料로 一萬五千圓을 내겠다고, 鄭雲復의 慾心을 動케한後, 公平洞三番地의집을 말쑥하게 修理하여 外樣으로는 富豪의 臨時寓居하는處所에 遜色없이 만들어두었다. 이鄭雲復도 當時 李堈公께서 돈에 응색하신 눈치를보고 이만한 條件이면 承諾을 얻기는 그다지 어렵지않은 일이라 생각하여 仲介費一萬五千圓은 벌써 제주머니에 들어온 돈이라하고 발벗고 나섰던것이다.

美佛兩國에 陳情書提出, 金嘉鎭氏 上海密派

이러한計劃을 進行하는中 秘密出版團員 連絡等을 맡아보던 同志 몇사람이 敵警에 잡히게되자 先生은當時 六十老人이던 金嘉鎭氏를 上海로 보내는同時에 서울舟橋洞一二五番地의집을 賃내어가지고 그곳을 秘密出版의 總本部로하고 밖으로는 巴里講和會議와 美國大統領윌손氏에게 朝鮮獨立에關한 陳情書를 보내는한편 안으로는 第二次朝鮮獨立宣言書 其他 數十種의文書 幾萬枚를 印刷配布하였다.

上海密使來京 그使命을代擔

이렇게 內外兩面으로 晝夜活動을 繼續해가면서도, 先生의 絶倫한精力은 能히 各地方有志로부터 運動資金을얻고 海外에있는 여러團體와 連絡을 完全히 取하였다. 그때 上海臨時政府의 各團體에서도 朝鮮王家에서 獨立運動에 參加하여야 되겠다는 必要를 느끼어서 그使命을 맡아가지고 李鍾郁氏가 入京한것을 探知한先生은 即時 그를 만나서 그의所任을 先生自身이맡고, 그를 도로 上海로 돌려보내었다. 그리고는 如前히 낮에는 公平洞三番地에서 漁場사러온 全羅道富者가되고 밤에는 喪主服裝으로 同志의 尋訪과 秘密出版等을 계속하였으니, 密偵을買收해서 王公을 모셔내려는 先生의謀策은 果然 어떻게 進行되었는가?

假紙弊뭉치에 鄭雲復이 火慾

仲介料 一萬五千圓에 食慾이 바짝動한 鄭雲復은 거짓거간꾼이된 宋世浩氏를 만나 틀림없이 一萬五千圓을 주며 돈은있느냐고 다시한번 다짐을받았다. 宋氏은 그게 무슨말이냐고 鄭을 비려고 即時 公平洞三番地로 全羅道富者 全協先生을 찾어갔다. 宋氏와鄭이 온뜻을알자, 先生은 가방속에 넣어두었던 十圓짜리 紙弊뭉치 五萬圓을 鄭에게 내어보이고, 그로하여금 더욱 熱이나게 하였다. 그런데 이十圓짜리 뭉치는 全部가 돈이아니고 模造紙를 十圓짜리만큼 잘라서 뭉치를 만들고 양쪽에 정말 十圓짜리 몇장식을 부쳐서 얼른 보기에는 누구나 속도록 만든것이었다.

鄭雲復은 이만하면 漁場은 念慮없이 살수 있을터이라고 自信滿滿하여 가려고하자 全協先生은 成功만하면 仲介料 一萬五千圓을 주는外에 고기를 잡으면 利益나는대로 多少間의 謝禮를하겠다고 그의慾心을 한없이 돋우어준後, 어떻게든지 李堈公을 直接 만나뵈와야 할터인즉 惶悚하나마 이집까지 오시게하여야 되겠다고 아주 간절히 부탁하였다. 念慮말라하고 돌아간鄭은 며칠이 못되어 이假裝富豪와 서울明洞에있는 白合樓란 中國料理집 구석방에서 만나게 되었다. 萬事가 如意하게 되어 承諾을얻었는데, 繁多한 耳目을 피하여 그날밤 아홉時半에 李堈公께서 車夫金三福이 끄으는 人力車를타고 公平洞三番地로 가시겠다는 말을 전하였다. 때는 그들이 일을 시작한지 여섯달만인 三月中旬의 어느날이었다.

活動寫眞같은 各種準備完成

漁場사려운 富者의下人이된 羅昌憲 鄭南用 兩氏와 公平洞三番地의 집아범이된 李乙奎氏等 세사람은 그들이 여섯달동안이나 勞心焦思한 結果가 이날밤에 나타날것을 믿고 미리 準備하였던 六穴砲를 여러번 검사하였다.

李堈公과 全協先生과 鄭雲復이 만나서 앉을방은 구들장을 메어내어 깊은 굴을판後, 다시 감쪽같이 구들장을 드려놓고 장판을놓아 元形대로 만들어두고, 여차즉하면 피가 뚝뚝 떨어지는 鄭雲復의 屍體를 마당에있는 우물속에 집어넣고 그우물을 메어버릴 작정으로 흙을 여러구루마 사다가 쌓아놓는等, 實로 活動寫眞에서 보는 모든 準備를 미리 해두었었다.

李乙奎氏는 如前히 행랑아범이되어 가슴을풀어헤친채 앉아있고'鄭南用 羅昌憲兩氏는 銀으로만든 재떠리를 닦는다 마당에있는 花鉢에 손질을한다하며 매오기를 기다렸다.

能爛한言辯으로 李堈公謁見, 彰義門向하여 疾走하는 人力車

午後九時半 寺洞으로부터 온 人力車가 公平洞三番地의 집門앞에 놓이자 鄭雲復의 引導를따라 들어오는 이는 分明히 李堈公이었다. 三層冠일에 慶州煙鏡을낀 風采좋은 全協先生이 마당으로 나가서 迎接하여 房으로모신後 各各 자리를 잡자 大門잠그는 소리가나고 뒤미처 손에六穴砲를 든 鄭南用 李乙奎 羅昌憲等三氏가 房안으로 들어서서 두말할 여유도주지않고 鄭雲復을 꼼짝못하게 結縛지었다. 이때 全協先生은 황망히 일어나서 李堈公께 절을하고 先生 特長의 하나이라던 雄辯을吐하기 시작하였다. 半時間後엔 두패잡힙 人力車두채가 이집을떠나 彰義門을向하여 쏜살같이 달아났으니 이집에서 일어난 活劇은 그 어떠한 것이었던가?

李堈公 同行을 承諾

一萬五千圓의 仲介費를 받아가지고 갈줄로만 알았던 鄭雲復은, 漁場사려운 富豪의 下人이 突然 손에六穴砲를 들고 들어오는것을 보고 얼굴이 잿빛이되어 공손히 꿇어앉아서 목숨만 살려줍시사하고 비는데, 李乙奎 鄭南用兩氏는 不問曲直하고 鄭을 結縛해버리니 어떠한 영문인지 몰라 멀거니 앉으신 李堈公께 全協先生은 그能爛한 座談을 시작하여, 三尺童子라도 이때까지 感服을 시키자못한일이 없다는 말재조는, 필경 李堈公으로부터 잡힐念慮가 있으니 빨리가자는 承諾을얻었다. 인제는 미리準備 해두었던 旅行券으로 水色驛에가서 汽車를타면 그만이라 하겠는데, 아즉 한가지問題가 남았으니 그것은 鄭雲復의 몸둥이 處理方法이었다.

落葉蕭條한 洗劍亭으로

여기서 몇사람은 아주죽여서 미리 파둔 구들장밑 굴속에 埋葬하여 버리자고 主張하였으나, 平生 惡을善으로 갚아야한다고 主張하는 先生은 이것을 極力 挽留하였다. 그리고 솜으로 鄭雲復의입을 틀어막아 소리를치지 못하게하고 수건으로 눈을싸서 어디로 가는지 모르게한後, 萬若 가다가 길에서 몸부림을 칠때는 容恕없이 쏘아죽이겠다고 宣言하였다. 이리하여 李堈公의 人力車는 金三福이 끄을게하고 鄭雲復을태운 人力車는 李乙奎氏가 끄을고, 羅昌憲氏는 六穴砲를들고 뒤를 따라간것이다.

先生은 富豪의假裝을 벗어버리고 다시 喪主로 變裝한後 뒤收拾을 대강 마치고는 落葉소리가 蕭條한 彰義門고개를 넘어서 그들의 뒤를 따라갔다.

洗劍亭 秋夜의 一首詩

要處마다 敵의警官이서고 거리마다 사람이널린 서울에서도 그들의 電光石火的 活動은 드디어 아무런 支障도없이 成功하였다. 彰義門밖까지 이른 그들은 臨時本部로

定한 洗劍亭에 모이어 길떠날方策을 論議하는한便 警戒의 形便을 살피기위하여 只今까지 거간관行勢를하던 宋世浩氏로하여금 곧 서울驛을 살피게하고, 問題의 鄭雲復處置에 이르려서는 다시 殺害하자는 主張이 일어났으나, 先生은 極力反對하여 부근에있는 崔副尉집에 監禁하여두고 차레로 交代하여가며 파수를 보게하였다. 이러는동안에 그날밤 水色驛 奉天行列車를 놓쳐버려서 할수없이 그이튿날 밤車로 떠날작정을하고, 變裝할方法과 隨行할 人員까지 정한後 가을날 쓸쓸한 하루밤을 洗劍亭에서 지내게 되었다.

感慨깊은 祖國땅을 떠나 멀리 海外로가서 悲風慘雨의 苦鬪를 試驗하여 보겠다고 決心한 李堈公께서는 이 最後의 하루밤에 離國의 恨을 자아내는 洗劍亭 물소리를 따라 다음과같은 詩한首를 읊으시었다.

늦은가을 맑은바람 丹楓잎소래, 비소래 凄凉하고 네빛 어여쁘다.

네소래 그치지말라 우리獨立萬歲聲, 네빛 變치말라 우리兄弟 流血 붉은빛.

나는 비소래 네빛따라 일로부터 죽을때까지.

出發時間問題로　激論

이 悲壯한 詩 한首를짓고 그날밤을 洗劍亭에서 지내시는동안 서울市內敵의 警察에서는 李堈公께서 突然 어디로 가셨다는 情報를듣고, 우선 新義州 安東縣 釜山等地에 至急電報를 發送하는한便 刑事隊가 總出動하여 市內에있는 各妓生집 料理집 旅舘집等을 샅샅이 찾어보았으나 헛물만 키고 運數사나운 浮浪者 密賣淫者 몇사람을 檢擧하였을뿐이었다. 敵의警察이 이렇게 血眼이되어 搜査하는一面, 또 어떤團體에서도 警察에 지지않게 그踪跡을 알려고 四面으로 사람을 내어놓아 大活動을 개시하였으니 그것은 무슨 까닭이었었던가?

同一目的으로　兩團體　서로活動

본시 李堈公을 海外로모시고 나가려는 計劃을 가지고 上海代表로 들어왔던 李鍾郁氏는 全協先生一派 大同團에 그使命을 맡기는同時에 萬一을 念慮하여 自己同志인 姜泰東이란 사람에게도 그뜻을 말하고, 될수있는대로 速히成功하도록 힘써보라는 부탁을 하였었다. 그래서 姜泰東氏는 李堈公의 妻男인 某氏를 通하여 여러가지 計劃을 세우고 일을進行하는 中이었는비, 원체 일이 重大하고 秘密이 絕對로 必要하였으므로 前記 李鍾郁氏는 全協先生과 姜泰東氏가 같은目的의 일을 다른方法으로 하여나간다는것을 姜氏에게 알려주지 아니하였었다.

自己혼자가 이일을 하는줄만 알았던 姜氏는 自己와 같은目的을 가진 다른사람이 먼저 成功을한것을 알고, 우선 그가누구며 어떠한系統의 人物인가를 알아볼 작정으로 여러가지 活動을 하던中, 平時 그와 親分이있던 宋世浩氏를 偶然히 길에서만나 需昌洞 어느 中國料理집에서 점심을 먹는동안 거기서 눈치를채고 宋世浩氏를 尾行하기시작하였다. 이렇하여 洗劍亭에 이른 姜泰東氏는 모든것을 알게되어 自己가 目的하던일을 自己손으로 成功치못하여 섭섭은하면서도 일을위하여서는 多幸이라고 생각하였다. 그러나 그때 姜宇奎義士가 서울南大門驛에서 總督齋藤에게 던진 爆彈事件이있어서 敵의警戒가 가장嚴重한 때였으므로 姜泰東氏는 時期가 適當하지 않다고 主張하였다.

여기서 目的은 비록같으나 出發時期를두고 主張이 서로 다른關係로 同志를 사이에 正面衝突이 일어나게 되었으니, 全協先生一派의 主張은 警戒가겁나서 千載一遇의 機會를 노칠수없은즉 最初의 작정대로 斷然 떠나자 함이오, 姜泰東氏의 主張은 李堈公께서 어제밤에는 어떤 妓生의집에서 주무신 모양으로하고 잠시 들어가 계시다가 時期를보아서 떠나자 함이였다. 이두가지 主張이 서로對立되어 굽히지않음에, 오고가는 말소리가 차차 커져서. 彼此에 피해다니는 몸인것도 잊어버리게되고 떠날時間은 一分二分 迫頭하여왔다.

萬難排除코 畢竟出發

고칠줄 모르는 兩便의 討論으로 因하여 드디어 洗劍亭 앞山에는 먼동이 트게되니, 奎協先生은 바쁜時間에 긴討論이 쓸데없는일이라 생각하여, 떠날때까지는 多少의 時間이 있은즉 다시 議論하자하고 우선 姜泰東氏를 自己處所로 돌려보낸後, 同志들과 具體的方案을 議論하게 되였는데, 奎協先生一行의 出發을 妨害하는 사람은 비단 姜泰東氏 한사람뿐이 아니였으니, 當時 많은 사람中에서 李堈公의 特別한 寵愛를 받고있던 金女가, 밤새도록 찾아다니다가 날이 밝을무렵에 이르러 李堈公께서 洗劍亭에 계서는것을 알고 그리로 찾아온 것이였다.

한편으로 敵의 警察側에서는 百方活動이 모두 水泡로 돌아가고 氣盡脈盡하여 있을때 當時 京畿道警察部 警部로있던 某는 어떻게 해서든지 이일을 偵探하여낼 決心을하고 이른아침에 姜泰東氏의 旅舘을 찾아가게 되였으니 여기서부터 運命의神은 奎協先生一派에게 失敗의 첫거름을 걷게하였다. 姜泰東氏의 旅館집마당에 들어선 某의 銳利한 눈에는 마당에앉아 洗水를하고있는 姜氏의 신발이 서리에 젖은것을 發見하고, 그가 밤을세워 어떠한 山길을 걸어온것을 짐작하게 되였다. 敏捷한그는 얼른 "오늘아침에 東小門밖에서 돌아왔다니 무슨일이 있었오?" "아니참 누구에게 말을들으니 北門밖에서 들어오드라던데" 하고 姜泰東氏의 얼굴빛을 노렸다. 그러자 갑작이 變化되는 姜氏의 얼굴빛을 보고 그는 머리를 끄득이고 그집을 나섰다.

洗劍亭에서는 千萬뜻밖에 나타난 金女로因하여 여러사람이 적지않게 놀래었으나, 李堈公께서는 기왕 여기까지 온 사람이니 나와같이 海外로 가자고 金女를 버리고 가실 意思를 表示하였다. 여기서 또 奎協先生一派는 한가지 問題에 逢着하였다. 最初에 敵의警戒를 피하기위하여 旅行券을 내어가지고 鴨綠江鐵橋를 건너려고, 여러가지 變名으로 撫順가는 旅行券석장을 준비한것이였다. 그런데 突然 金女가 따라간다 하면 旅行券도 不足할뿐 아니라 나라일을위하여 海外로 나가는 사람들이 必要없는 女子를 버리고 가는것은 여러가지로 자미없는 일이라하여, 그들은 最後의순간에 이러한問題가 생겨서 다시 머리를 앓게되었던 것이다.

일爲해 同志도監禁, 安東縣驛頭에 紅聲의村紳士

그러나 臨機應變에 能爛한 奎協先生은 같이 가는것은 危險한일인즉 宋世浩氏로하여금 따로 金女를 버리고 갈것을 약속하고 곧 떠나려할때, 또다시 姜泰東氏가 찾아왔다. 奎協先生은 주저할때가 아니라하여 最後의手段을 쓰기로 決心하고, 羅昌憲氏에게 눈짓을하여 姜泰東氏를 결박케한後, 同志끼리 참아못할 일인줄도 알지만 일을 위하여 하는수없으니 잠간 諒解를하라고 간곡히 말하고, 鄭雲夏이 매어달려있는 방에다가 姜氏를 監禁해 버렸다.

이리하여 이튿날아침 安東縣驛에는 北行列車 속에서 노란수염이난 村紳士 한사람과 宋世浩 鄭南用氏等이 내리고, 뒤를이어 二等室에서는 李乙奎氏가 조그마한 가방을 손에들고 내리었다.

安東縣驛頭에서 事實이綻露, 最後一刻에 萬事休矣

서리찬 가을밤에 洗劍亭을 떠나신 李堈公께서는 듬성듬성한 노란수염을 우아래턱에 붙이고 허수룩한 洋服에 中折帽子를 눌러써서 얼른보기에 시골 面書記 차림으로 논도랑 山기슭으로 水色三十里를 徒步로걸어서 奉天行列車의 三等客이 되었던것이며, 鄭南用 宋世浩兩氏는 三等에 같이타고 李乙奎氏는 도장과 其他 重要書類를 가

지고 二等에 앉었던것이다. 一行은 故國을 떠나는 悲壯한 눈물을 悠悠히 흐르는 鴨
綠江에 마즈막으로 無事히 뿌리고 安東縣驛構內에 無故히 내리었으나, 이때는 벌써
警部某의 電報로 安東縣 新義州等地에 빈틈없는 警戒의 그물이 퍼저있을 때였다.

怡隆洋行汽船의 汽笛壯響空

李乙奎氏만은 改札口를 無事히 通過하였으나 나머지 세사람은 到底히 빠저나갈수
없음을 깨닫고 驛構內食堂에 들어가서 茶를마시고 앉았다가 敵 憲兵警吏의 包圍를
받아 필경 逮捕되고 말았다.

李堈公을 태우고 上海로 가려고 준비하고있던 怡隆洋行의 배는 汽笛을 울리건만
李堈公께서는 다시 서울行列車를 타시지않을수 없게되었다.

한편으로 약속한날 電報가 없는것을 본 奎協先生은 모든일이 失敗로 돌아간것을
짐작하고 鄭雲復을 끌러놓아 앞일을 調戒하여 돌려보내고 市內로 들어와서 觀水洞
某處에 避身하여 있다가 마침내 敵에 被捉되었다.

先生은 무엇을 感得하였던가? 金鐸遠病院 最後의一句

이리하여 先生은 八年懲役囚의 몸이되어 서울刑務所에서 지내는동안, 或은 印刷校
正 或은 文選等의 使役으로 人間地獄의 갖은 苦楚를줖다가, 애석하게도 不治의病을
얻어 同生할 여망이 없게되매, 監獄에서는 황망히 執行停止의 形式으로 내어보낸後
다시 假出獄의 手續을 밟게되었다. 金鐸遠病院 痕臺위에 누었던 先生은 다만 "아이
구좋아 아이구좋아" 라는 말만을 남기었으니 果然 무엇이 先生에게 最後의 慰安을
주었던가? 先生이 꿈에서도 잊지못하고, 先生이 일하다 일하다 다못한 그때의 慘
憺한 祖國땅에서 그무엇을 보고 先生은 最後로 좋다고 부르짖었던가?

오직 이나라 이民族을 救하려고 五十平生을 고스란히 바친 先生은, 아이구좋아
라는 수수꺼끼의 말을남기고 永遠의 길을 떠나고말았다. 때가 四二六〇年 七月十一
日이었다.

獻　　詞

（全協先生　遺芳을　追慕하여）

나라가　부끄러운　티끌을　뒤집어　쓰고
겨레가　욕된　채쭉에　피를　흘리매
큰갓끈과　감투를　벗어　한숨　남기고
自由히　조밥을　찾아　吉林으로　떠나는　날
뜰앞의　梧桐나무엔　무슨　새가　울었던고？
그러나　꿈에도　잊지못할　鄕愁를　품고
또다시　싸움에　죽으려고　돌아왔을　때
그리운　언덕에선　무슨　꽃이　반겨했던고？

神出鬼沒하는　洪吉童의　新版戰術은
垢面襤衣로　거지中의　上거지
방갓　쓰고　상옷　입은　초상상주로
방방　곡곡에　숨은　同志사이에
밤에　느린　거미줄처럼　地下의　連絡網을……
第二次獨立宣言도　감쪽　같이　박아서
모래밭에　물주듯　곳곳에　펴트리고

敵의　監視가　嚴重한　李剛公을　모시고
上海로　脫出하는　探偵劇의　秘幕이여
王室의　漁場을　사겠다는　巨富役으로
敵偵을　假紙幣로　꾀여다　監禁하고
눈물의　熱辯으로　公을　決心시켜서
洗劍亭에서　옥신각신　밤새운　離國謀議

철통같은　非常警戒로　長安이　뒤끓을제
變裝시킨　公을　태운　汽車는
獨立戰線의　軌道를　北으로만　달렸으나
安東縣驛頭에　떨어진　一髮의　非運이여
埠頭에　기다리는　上海航의　汽笛만　서글피　듣고

마침내　八年服役中에　危篤으로　假出獄한
先生의　遺言이　또한　永遠의　수수꺼끼
“아이구　좋아！　아이구　좋아！”는
아―　나라에　바친　스스로의　挽歌였던고？

全協先生　遺影

臨時의 先이을 새 謀각時
海가 當時 協同가 國신 當
上企 生 一찬밤을 離옥던 劍
上은으로 던 堈 보 公
上政려 李下生 서하우 議신의 洗亭

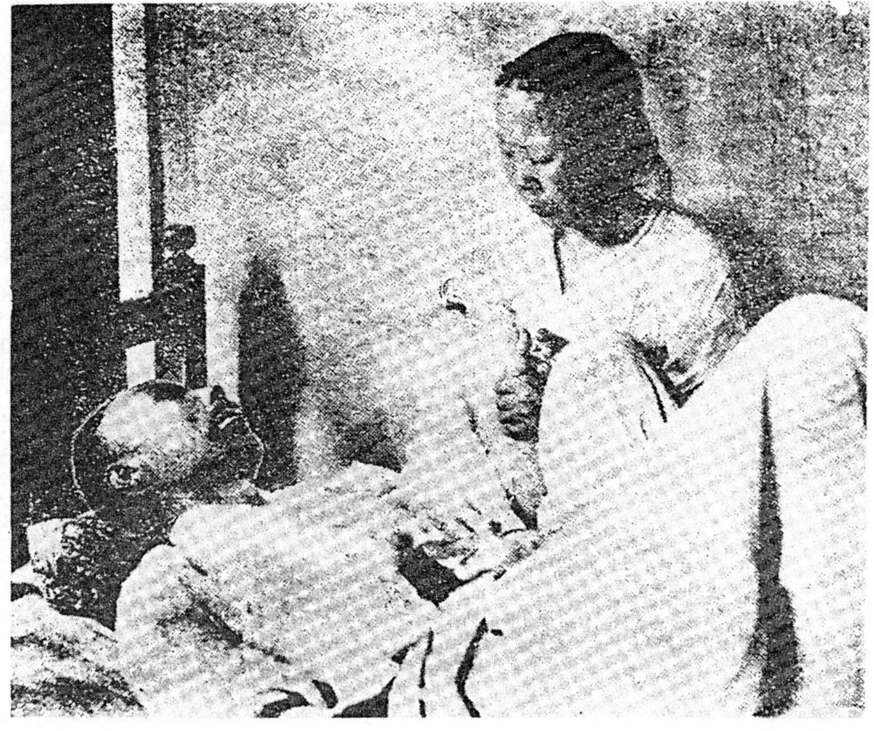

上은 先生의 臨終
時. 곁에 앉은이
는 先生의 夫人
卞和女史. 下右의
新聞은 東亞日報
歐年號 昭和二年
七月十二日號에서.

「回春消息」을듯고
獄中에서慰安하던손
全協氏 獄中感想談

大同團長全協
多恨한 此世에 永訣
——

○○ 運動이로

非凡한 人格

「大事防計音傳」
母親의 別世를 臨終

「大事防計音傳」

秋岡 金祉燮義士 略傳
****

四二一八年(西紀一八八五年) 慶北安東에서 出生하였다.

어릴때부터 才操가 非常하여 天才의 일컬음을 받았다. 漢學에 通達하고 日語따위도 一個月의 獨習으로 能通하여 단번에 裁判所書記兼 通譯生으로 採用되었다.

그러나 義士는 오래 그職에 從事하지 못하였다. 庚戌年에 强盜日本이 우리나라를 통으로 삼키자, 義士는 憤然히 辭職願을 내어놓고 鄕里로 돌아갔다. 그리고 同志들로 더불어 往來하며 熱烈히 時事를 談論하였다.

義士가 晝宵로 생각하는것은 오직 祖國의 獨立이었다. 그러나 獨立은 時事를 談論할 뿐으로는 이루어지지 않는다.

"海外로 나가자! 나가서 널리 同志를 糾合하여 크게 獨立運動을 일으키자!"

이리하여 義士는 어느 달없는밤에 國境을넘어 滿洲와上海 西伯利亞 各地를 헤매돌았다. 그리고 여러獨立鬪士와 胸襟을 헤치고 사귀었다.

四二五五年 國內로 들어와 金始顯 黃鈺氏等과함께 敵 重要施設及 人物을 破壞虐殺하기를 꾀하였으나, 不幸히도 모든計劃이 水泡로 돌아가고 많은同志가 敵게 逮捕되자 義士는 巧妙히 檢擧網을 벗어나 上海로갔다.

四二五六年 九月一日은 우리民族이 永遠히 잊지못할 날中의 하나다. 이날 日本關東地方에는 前古에 다시없는 大地震이 일어났고 이災變통에 그곳에 居留하던 數많은 同胞가 倭賊의손에 無慘한 주검을 當하였던것이다.

"이때를타서 朝鮮놈들이 우리 日本人들을 沒殺시키려 든다……"

"朝鮮놈들이 우물마다 毒藥을 처 넣었단다……"

"그놈들을 모조리 잡아서 죽이지않으면 우리가 그놈들손에 죽고만다……"

이러한 流言蜚語를 퍼뜨려놓고 이毒蟲들은 所謂 自衛隊라는것을 組織하여 竹槍과 棍棒과 日本刀에 短銃까지 들고 나섰다. 그리고 우리同胞를 만나는 쪽쪽 短銃으로 쏘고 日本刀로 버이고 棍棒으로 撲殺하고 또 竹槍으로 찔러죽였다.

이때 倭賊의손에 虐殺當한 우리同胞가 實로 數千名에 이르는것이다.

이 하늘이 또한 크게 성낼일에 어찌 사람이홀로 寬大할수 있겠느냐? 이 消息이 한번 전하여지자 民族의震怒는 컸다. 더욱이 祖國의 革命을 위하여 살고 祖國의 革命을 위하여 죽기로 盟誓한 우리鬪士들의 가슴은 타고 피는 끓었다.

義士가 바야흐로 報復의 方途를 생각하고 있을때 마침 들리는 所聞에 新年劈頭 東京에 議會가 열리고 朝鮮總督以下 各大官이 모두 이에 參席하리라 하였다. 到底히 그대로 지내쳐 버릴수 없는 絶好의 機會였다. 賊의魁首들이 한자리에 모인곳에 爆彈을던져 이者들을 죽이고 日帝의 罪惡을 日日下에 暴露시키고 아울러 震災통에 虐殺當한 同胞들의 靈魂을 慰勞하여주고 싶었다.

義士는 決心하였다. 그해 十二月二十日 세個의 爆彈을 지니고 上海를떠나 水路로 十二日만에 日本八幡市에 上陸하여 그이듬해 即 四二五七年一月五日 東京에 到着하였다.

그런데 議會가 열리고 倭賊의 魁首들이 한자리에 모였을때 爆彈을 던지려하였는데 新聞을보니 "帝國議會"는 休會中이었고 언제다시 再開될지 모른다는것이며, 또한 爆彈을 몸에지니고 며칠식 東京市內를 徘徊할수 없는 일이어서 目標를달리 골르지 않을수 없게 되었다.

그리하여 賊의宮城에 投彈하기고 작정하고 그날 即 五日午後六時頃 二重橋에 爆彈 두個를 던지고 한개를 가지고 宮城으로 들어가려 하였으나 뜻을 이루지 못하고 賊에被捉되고 말았다. 二重橋에 던진爆彈은 爆發되지 않았었다.

그것으로　無期刑을받고　千葉刑務所에서服役中　所謂　恩赦라는것으로　二十年으로　減刑이　되었다가　四二六一年　二月二十日　四十四歲를　一期로　그生涯를　마친것이었다.

獻　詞

（金祉燮義士　遺芳을　追慕하여）

빛나는　新羅의　傳流이　구비구비
安東땅　山에　뻗고　물에　흘러　내린
武勇과　義俠의　精氣를　타고난
저　三國時代의　花郎의　復活이여
二十世紀에　외치는　兜率歌의　神意여

廣漠한　滿洲　시베리아　별판으로
自由의　革命都市　上海하늘로
東西에　번적이던　수리의　칼날개여
아—　그러나　어둔밤　눈보라　속에
외롭게　방황하던　亡命의　슬픔이여

원수는　오로지　日帝의　暴壓
소원은　꿈에도　祖國의　光復
아—　그일을　별른제　몇　번이며
그날을　고대한쇠　또한　몇　해인고

저　神明도　怒할　東京大震災　때에
"朝鮮人이　집에　불을　질르고
우물에　毒藥을　넣고　다닌다"는
그　거짓　煽動이　殺戮의　兇計되나
竹槍으로　굶은　배를　찔리고
日本刀로　약한　목을　잘려고
女子와　아이들이　생으로　파묻히고
아—　罪없이　쓸어진　數千의　怨魂이여

이　民族의　憤怒를　火藥으로한
天誅의　義彈을　가슴에　깊이　품고
敵國牙城에　肉迫한　義士의　壯擧!
두방의　爆彈은　정녕　二重橋를　깨렸건만
아—　불도　소리도　안난　千秋의　怨恨이여
無期刑이람　껄껄　웃고　받았는데
"恩赦"의　二十年이란　무슨　恥辱이며
恥辱의　獄死가　또한　무슨　悲運인고!

秋岡　金祉燮義士　遺影

金址燮義士　筆蹟　上海를떠나　日本으로갈때　船中에서　짓고　獄中에서　쓴것이다 (正書와譯은　다음장에)

前장　詩의　正書

萬里飄然一粟身
舟中皆敵有誰親
崎嶇世路難於蜀
忿憤興情甚於秦
今日潛踪浮海客
昔年嘗膽臥薪人
此行已決平生志
不向關門更問津

上　詩의　譯

萬里에　飄然한　한　좁쌀같은　몸이　舟中이　다　敵이니　누가　있어　親하리.　崎嶇한　世上　길은　蜀나라길보다　더어렵고　忿憤한　興情은　秦나라보다도　甚하도다.　오늘　자취를　감추어　바다에뜬　客은　昔年　臥薪嘗膽한　사람이라.　이번　가는　것이　平生의　뜻을　決한　것이니　다시는　關門을　向하여　나루를　묻지　아니하리라.

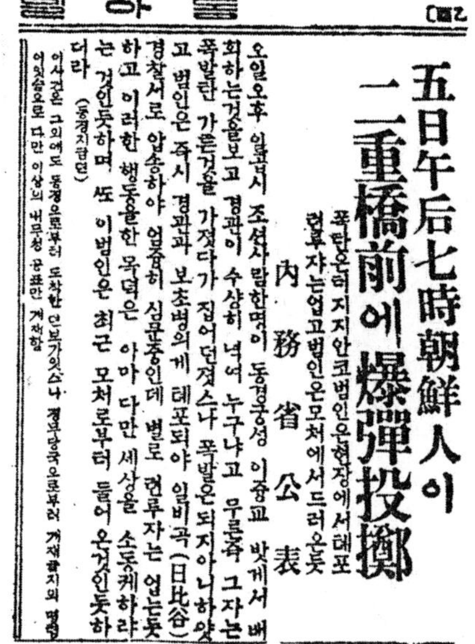

二重橋前에　爆彈投擲
五日午后七時朝鮮人이
內務省公表

上右의　新聞記事는　敵年號　大正十三年　一月七日號　에서　下右는　同年　四月二十五日號　에서　下左는　敵年號　昭和三年　二月二十四日號　에서.　(모두　東亞日報)

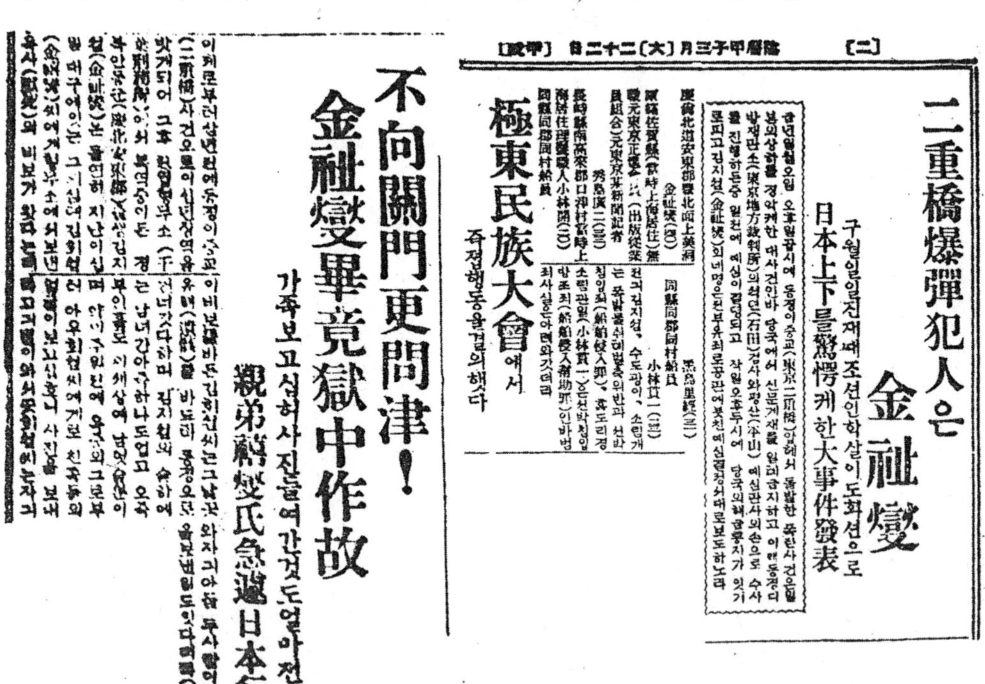

二重橋爆彈犯人은　金祉燮
日本上下를　驚愕케한　大事件發表

極東民族大會에서

不向關門更問津!
金祉燮　畢竟獄中作故
親弟祉燮氏急過日本行

張鎭弘義士 略傳
****

四二二八年(西紀一八九五年) 慶北漆谷郡仁同面文林里에서 張聖旭氏의 아들로 出生하였다. 元來로 過激한 性格이였고, 幼時에 벌서 倭敵에對한 抗拒의 싻이텄다. 志士 張志必先生을 師事하고 仁明學校를 卒業한後 四二四七年(西紀一九一四年) 三月에 朝鮮步兵隊에 入隊하였다. 滿期로除隊한後 鄕里의同志 李乃成氏等과함께 光復團에加入 活動하였고, 四二五一年 西紀一九一八年) 七月에 金正默 李國弼氏等과 握手하고 獨立運動方法에 對하여 協議한結果, 義士 自身이 軍隊出身인만큼 在外韓國人에게 軍隊敎育을시켜 後日 그들을 비러고 國內에 들어와서 武力攻擊을 斷行하기로 計劃하고, 李國弼氏와더붙어 露領하바로스쿠로 갔다. 거기서 韓國人百餘名을 糾合하여 軍隊敎育을 極力實施하였으나, 當時 露國의 赤白軍戰爭으로 倭軍隊가 出動하게된까닭에 所期의目的을 達하지못하고 歸國하였다.

義士는 四二五二年(西紀一九一九年) 三一運動이 지난後, 倭의武斷政治가 우리民族의 生命財產을 蹂躪하고 無辜한同胞를 投獄하는것을 痛憤히 여긴나머지, 三一運動當時의 狀況을 조사하여 世界列國에 알려서 倭를 國際的으로 埋葬하려고 決意하였다. 그리하여 父親所有의 몇斗落의 田畓을팔아서, 그것을 資本으로 書籍行商을 假裝하고 全國各地를 踏査하면서 倭가 우리民族을 虐殺拷問하는 慘酷한場面과, 우리財產을 破壞放火하는 凄慘한 光景을 詳細히 조사하였다. 그러고 調査書를 만들어서 그해七月에 美國軍艦이 仁川에 入港한 機會를 利用하여, 그軍艦內의 下士 慶北出身인 金栢哲君에게 주고·歸美한後에는 英文으로 飜譯印刷하여 世界列邦에 配布하도록 부탁하였다.

그後 義士는 情勢를 觀望하려고 釜山서 朝鮮日報支局을 經營하였고, 또는 外面 賣藥行商이되어 全國各地를 轉轉하면서 때를 엿보았다.

그러다가 金基用 黃國瑞 朴觀永 李乃成 張龍熙氏等과 謀議한後 倭의高官과 重要施設을 戮殺破壞하기로 작정하고, 義士自身이 스스로 決死隊員이되어 大邱朝鮮銀行에 爆彈攻擊을 敢行하였다. 即 四二六○年(西紀一九二七年) 十月十八日 벌서 窓밖에 떨어지는 나무잎사귀가 바람에 휘날리는 季節이였다. 맑게 개인 어날, 午前十一時五十分頃 한靑年이 大邱朝鮮銀行에 新聞紙로 싸고쩐 상자같은것을 네개를 가지고와서, 그중 한개를, 이것은 支店長께 드리는것입니다 하고 내어놓았다. 그것을 無心히 받은行員은 싼新聞紙를 버끼고 상자의뚜껑을 열었다. 상자는 나무상자였다. 그런데 이게 웬말? 상자속에는 導火線에 불이붙여있는 爆彈이 들어있지않는가? 行員이 顏色은 금시에 죽은자람으로 변하였다. 急報를받은 倭敵은 十數名의 警官을 動員하여 現場에 달려왔다. 그들은 곧 爆彈을 가지온 靑年을 붓잡는同時에 불이붙어있는 爆彈의 導火線을 끊었다. 그러고 다른 세개는 銀行앞걸가에 가지고 나와서 導火線의 불을 끄려했으나 때는 이미늦었다. 놈들이 몸을 피하려할때, 벼락치는듯한 爆音과함께 한개가 爆發하고 또한개는 그後 約二分後에 다른한개는 다시 三四十秒를 지나서 爆發하였다. 그結果 現場에 나왔던 倭警네놈과 同銀行사환일명과 通行人일명이 重輕傷을當하고, 銀行유리窓 七十餘枚가 깨여졌다.

爆彈을 가지고온 靑年은 當時 大邱前町 德興旅舘의 뽀─이 朴魯宣君이였는데, 그는 우리張義士의 시킴에따라 新聞紙로 쌈것 한개는 朝鮮銀行에 한개는 殖產銀行에 한개는 須藤知事와 또한개는 石本警察部長에게 갖져가게될 것이였다.

그後 義士는 끝임없이 敵要人과 敵施設의 爆殺破壞計劃에 아울러 親日土豪의 攻擊計劃을 세우고 기회를 엿보았으나, 놈들의 警戒와搜査가 嚴重猛烈하여지매, 一旦 敵國大阪에있는 實弟 張義煥氏宅에 피신하였다가, 一年半後에 大邱에서간 倭警의손에 痛憤하게도 被捉되었다. 大邱로와서 死刑을받고 收監中 四二六三年(西紀一九三○年)六

月五日 獄中에서 스스로 一命을 끊으니, 때에 享年이 三十六이었다.
遺族으로는 아드님 衡玉氏가 있다.

獻　　詞

(張鎭弘義士 遺芳을 追慕하여)

"須藤道知事閣下
이건 변변치 못한 상자이나
훌륭한 高麗靑磁가 들어있읍니다
石本警察部長님
이건 변변치 못한 상자이나
유명한 李朝白磁가 들어있읍니다
殖産銀行支店長님
이건 변변치 못한 상자이나
슬슬 녹는 호두엿이 들어있읍니다"

그렇게 돌릴 세개의 프레젠트
전갈 받은 旅舘쪽이 먼저 간 곳에서
"朝鮮銀行支店長님
이건 손님이 보내는 물건인데
壽命長久의 開城人蔘이 들었다고요"
銀行員이 열어본 상자의 秘密이여
앗! 하고 놀라는 그 순간에
불심지 다탄 爆彈이 靑天벽력!
즉석에서 倭警 네놈의 四肢가 날아 가고
伏魔殿의 유리창이 爆風에 가루가루……

이 寶物과 珍味의 進呈人은 누구냐?
一年半이 지나서야 大阪에서 잡히고 보니
敵의 가슴을 서늘케한 壯擧의 張本人은
아— 三十靑年의 張鎭弘義士 아니더냐!
일찌기 軍人으로서 熱血의 權化
露領에서 獨立軍을 키우다 歸國한後
己未血更를 手書密送하여 世界에 호소하고
決死隊員이 되어 이번 大邱事件을 敢行!

마침내 死刑宣告를 받고 어둔 獄에서
깨끗한 몸에 辱된 執行을 받기 그려서
最後의 微笑품고 스스로 목숨 끊은
아— 民族正氣의 슬프게도 壯한 挽歌여!

張鎭弘義士　遺影

【火曜日】 昭和五年二月四日 【二】

大邱爆彈事件
嚴戒裡今日開廷
◇아츰부터 법원전혼잡
張鎭弘等九名出廷

劈頭의審理는 首犯張鎭弘

（軍官）량슈석판사 착석, 대원검사（大邱檢事）의립회로 공판이 개뎡되엇다 우인아츰부터 각디에서 장진홍（張鎭弘）이하 아홉명의 범장진홍으로부터 어홉피고의 주소성명직업등을 심리하고 이어서 동 최명으로 대구지방법원제일호법정에서 혼잡을 이루고잇섯스며 대구지방법원에 송달한사건들 일흠법정만압해 혹산을 일호법정만압해 공소사실을 엄다고하엿다 피고들의 전과유무조사가 꼿나자 법관장이 피고들의 얼굴을인여전동안 우고어시쌍어창밥을 매우활발하엿다 청초의 거진다됫때한시경에 오후명 여시동으로 드러가고 휴뎡으로 다시뎡유무조사 때달마쳐것도되고 그대우활발하엿다

（火曜日） 昭和五年二月十八日 （二）

大邱爆彈事件判決
張鎭弘은死刑에
◇今十七日午前에判決言渡◇
開廷劈頭에首犯陳謝

【大邱支局電話】 대구（大邱）파선은동 수범장진홍（張鎭弘）등아홉명의 판결언도는 대구지방법원에서 이십칠일전부터 하기로되엇다 재판장이 피고를불러세우자 수범 장진홍은 재판장보다압해 다이여전하야 재판장구결여어대한 담결의 다음 파가타리고되엇다

△張 鎭 弘　死刑　（求刑死刑）
△金 善 用　死刑　（同八年）
△李 末　年（同八年）　（未決九十日通算）
△小 林 第 洞 金　五百（未決六月）
△鄭 萬　祖（李鳳祖）　△林 文 洙第 洞 金 五十四（求刑九十日通算）
△張 鎭 弘 死刑 （求刑死刑）
△鄭 芳 治 洞 金二十圓（求刑八個月）　（未決八個月）
（사진은 張鎭弘등장진홍）

南 慈 賢 女 史 略 傳

****

四二〇五年(西紀一八七二年) 慶北 安東郡 一直面 一直洞에서 出生하였다.

品性이 端正하고 聰明이 卓越하여 七歲에 國文에 能通하고 成長함에따라 小學과 大學에 達通하여 十九歲때 同面 金永周氏에게 出嫁하였다.

出嫁한지 六年後 男便이 義兵을 唱擧하여 敵과 싸우다가 戰歿하니 女史는 男便이 殉國한後에 三代獨子인 遺腹子를 撫育하며 妣思의奉養에 精誠을다하여 眞寶에서 孝婦로 表彰되었다.

三一運動當時 이運動에 心血을傾注하여 工作하다가 그해 三月九日에 滿洲로 亡命하였다. 그곳 西路軍政署에서 誠心誠意 活動하는 한便 우리獨立運動의 各團體와 軍事機關 農村에 이르기까지 巡回하여 우리 同胞에게 祖國獨立精神을 鼓吹하며 北滿一帶 十二處에 敎會와 禮拜堂을세우고 誠心으로 傳道하며 十餘處에 女子敎育會를 設立하고 女性啓蒙과 解放運動에 盡瘁하였다. 또는 南滿各地를 巡歷하며 同志相爭의 和解工作에 極力努力하였고 運動資金募集에 精誠을 다하였다.

四二五八年 女史는 蔡燦 朴靑山氏同志와함께 總督齋藤을 暗殺하기로 決議하고 서울 惠化洞二八番地 高氏의집을 根據로 擧事하기를 計劃하였다가 目的을 이루지 못하고 森嚴한 警戒網을 突破하여 滿洲로 돌아갔는데, 때마침 吉林住民會長 李圭東 義成團長 片康烈 梁起鐸 孫一民等諸氏가 主動이되어 在滿 各獨立運動團體의 統一을 發起하자 女史는 奮然히 參加하여 그統合에 적지않은 功獻을 하였다.

四二六一年 吉林서 金東三 安昌浩 兩氏外 四十七八이 中國警察에 잡힐때에 捕縛을 極力 抗拒하며 監獄까지 따라가서 至誠으로 鐵窓看護를 한일도 있었으며 그釋放에 全力을 다하여 成功하였다.

四二六四年 十月에 金東三先生이 할빈에서 逮捕되자, 女史는 金東三先生의 親戚으로 假裝하고 倭領事舘에서 面會한後 여러同志에게 重要한 連絡을 取하고는 金東三先生이 國內로 護送될녀 奪還을 劃策하였으나 時日의 촉박으로 뜻을 이루지 못하였다.

四二六五年 九月 國際聯盟調査團 릿톤卿이 할빈에 調査왔을 때에 左手無名指 二節을 잘라서 白布에 "朝鮮獨立願"이란 血書를 써서 잘른손가락을 싸가지고 調査團에게 보내어 우리의 獨立精神을 國際聯盟에 呼訴하였다.

四二六六年 李圭東氏外 여러同志와더불어 倭敵 武藤信義를 죽일計劃을 세우고 滿洲建國日인 三月一日을 기다리던中, 女史는 同志와 連絡次도 할빈에 가서 二月二十七日 中國乞人老婆의 차림으로 武器와 爆彈을 가지고 할빈道外 正陽街를 지나다가 敵에 逮捕되었다. 倭領事舘에 拘禁되어 그때벌서 六十이넘은 女子의몸으로 여섯달동안 갖은 酷刑을 받아오다가 그해八月부터 斷食抗爭을 시작하였다. 斷食한지 十五日만에 거의 다죽은 몸이되니 敵은 保釋釋放하였다.

赤十字病院을 거쳐 할빈 趙某의 旅舘에서 여러同志의 救療를 받다가 "獨立은 精神으로 이루어 지느니라"는 말을 남기고 哀痛하게도 世上을 떠났다. 때는 四二六六年(西紀一九三三年) 八月二十二日이오 享壽 六十二歲였다.

이리하여 女史는 할빈南崗 外人墓地에 깊이 잠들어있다.

獻　詞

(南慈賢女史　遺芳을　追慕하여)

通政大夫　아버님은　嶺南의　碩學
薰下의　高弟七十人　모두　義兵의　先鋒
郞君　또한　倭賊에게　戰歿한　靑年義士
그　거룩한　자랑에　싸포친　꽃한송이
어찌　이땅　위에　풍기어　香氣되지　않으랴

郞君의　怨恨겹친　復讐의　一片丹心
銃劒을　무릅쓴　女丈夫의　血戰十年에
三一聖戰끝에　滿洲로　永遠한　亡命生活
아―　섬섬　玉手의　손가락　잘른　피는
"獨立萬歲"로　聖書의　몇章을　물들였던고?
北滿天地　열두곳에　禮拜堂을　이룩하고
그리운　故國을　아득한　눈물로　祈禱하던
봄비　오는　밤이여,　눈　내리는　아침이여

飢寒과　孤獨과　恐怖의　異域同胞끼리
그래도　작은　派閥로　슬피　싸우량이면
지극한　정성으로　解和붙이던　사랑의　使徒
分散運動을　正義府로　統合시킨　最初의　별
女性文盲도　獨立精神으로　밝히던　敎師
金東三　四十七同志를　看護한　鐵慈의　天使
그리고　同族의　捕吏까지　誨改시킨　마리아

日帝發惡이　滿洲를　통삼키던　暴風속에서
國際聯盟　릿톤卿이　할빈에　調査왔을　때
"韓國獨立願"　다섯字의　血書와　함께
두마디　잘른　無名指를　世界에　호소한　아픔이여

마침내　倭魁武藤을　正義로　天誅하려고
傀儡國滿洲의　記念日을　기다리고　密計中
할빈　正陽街　큰길에서　가깝게도　逮捕된
爆彈을　간직한　中國服의　乞人老婆여
十七日동안　斷食한　놀라운　獄中鬪爭에
오히려　世紀에　울리는　鐵石의　音聲으로
오직　"韓國獨立"만을　외치고　눈감은　平生이여?
아―　할빈　外人墓地의　풀빛이　지금　어떻고?

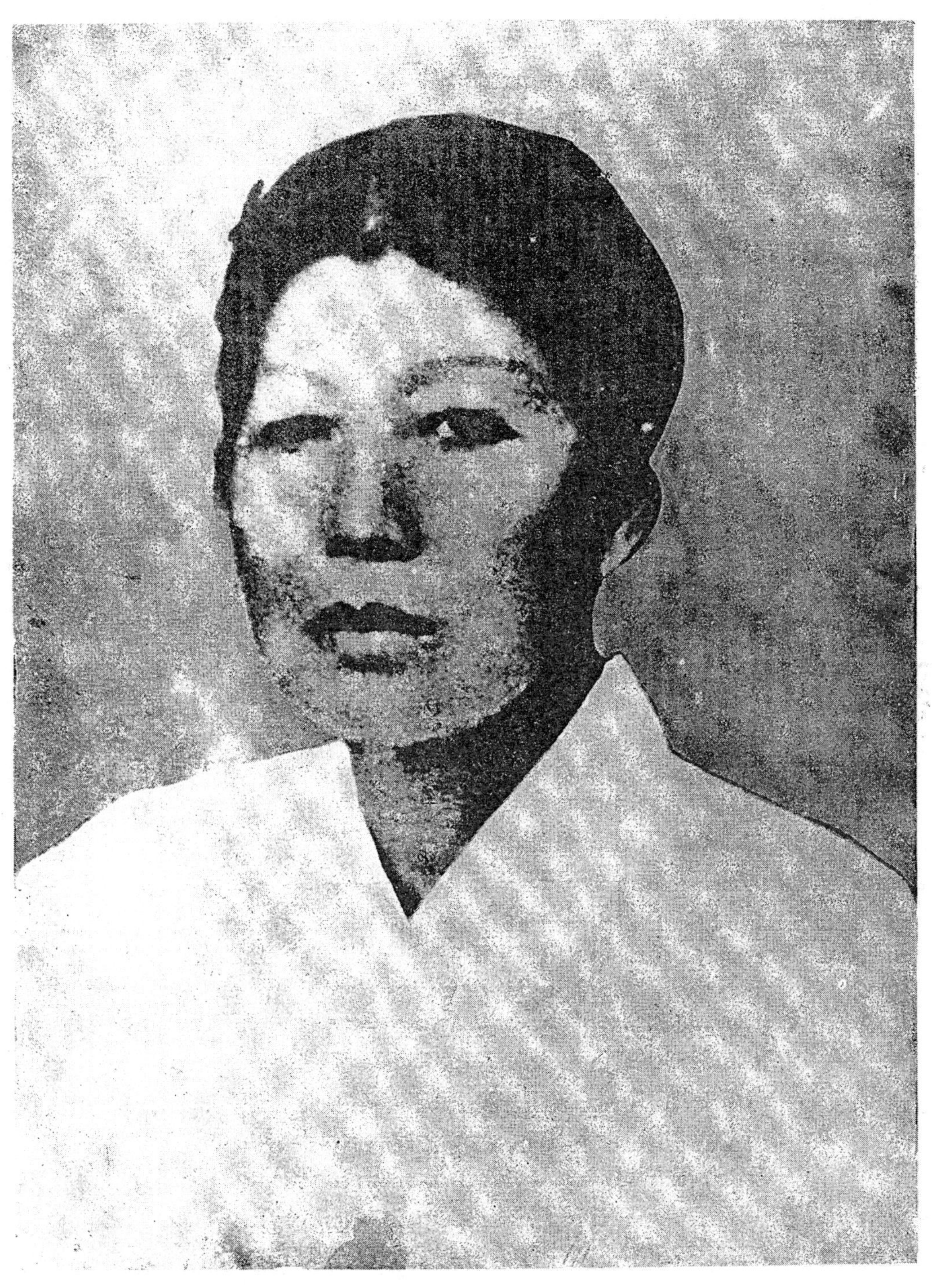

南慈賢女史　遺影

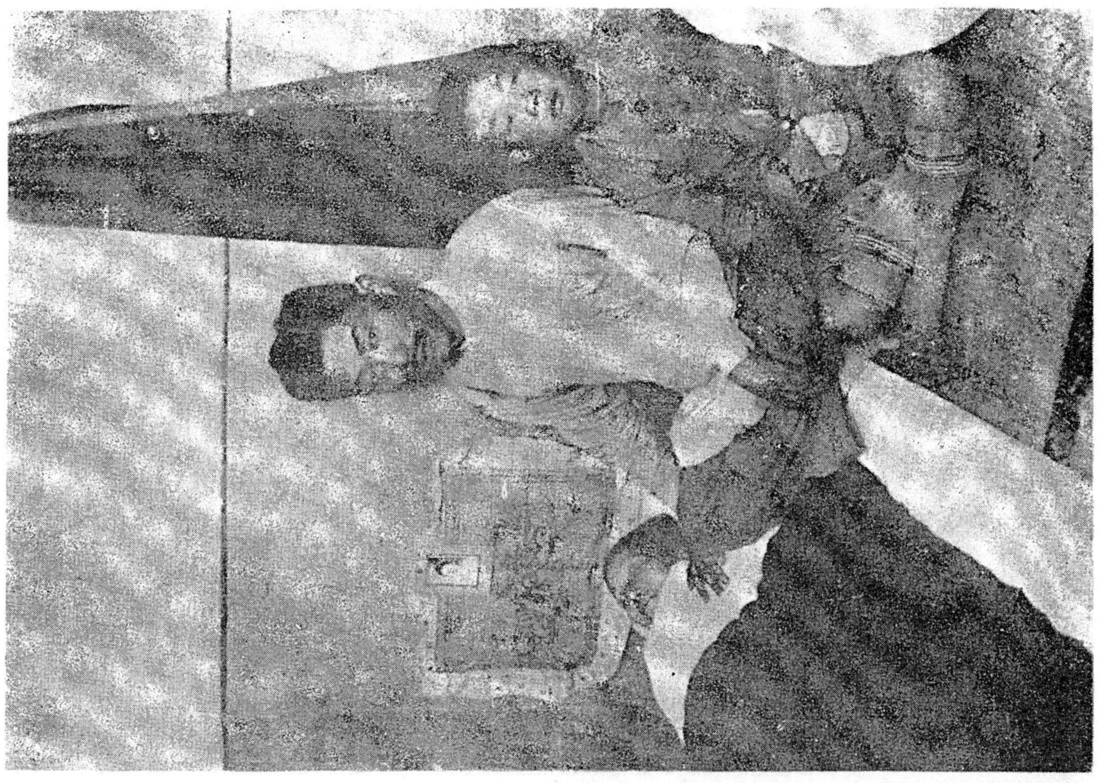

亡夫의勇壯冤
武藤全權嗚咽奏達
二十年間○○冤屈前의義事
六十一歲老寡南慈賢

右는 南女史 臨終直
後 머리맡에 앉은분
과 左下(1)을 아드님
金星三氏. 右에 앉
은 少年과 左下(2)
는 손자님 時鍊君
星三氏는 現在 陸軍
中尉 時鍊君은 祖母님
의 遺言을 받들어 올
해農大를 나와서 現
在 順天農中에서 敎
鞭을 잡고있다.

"南慈賢女史篇"

할빈南崗　外人墓地에있는　女史의墓
碑右에　선분은　아드님　金星三氏　帽子쓰고　앉은분은　金正植氏　碑左에　앉은분은　朴滲史

丹齋 申采浩先生 略傳
****

우리나라 史學의泰斗 丹齋 申采浩先生은 멀리 李朝의 名儒 申叔舟先生의 피를이어 四二一三年(西紀一八八〇年) 忠北 淸州山東에서 出生하였다.

어려서부터 性質이 불과같고 뛰어나게 聰俊하여 鄕里에서 漢文을 배우매 이에 딸른 사람이 없었다.

二十歲 前後하여 벌서 文名이 높이나서 서울로 올라오자 成均博士의 이름을 얻었다.

張志淵 柳瑾氏等이 主宰하는 皇城新聞社에 들어가서 論說을 맡아 警世의 鍾을 울리었고, 그後 梁起鐸氏가 主宰하는 大韓每日新報社에 入社하여 亦是 論說委員으로 기우는 國運을 바로잡으려 애썼다.

이때 安昌浩 李東寧 盧伯麟氏等 憂國志士로 더불어 熱烈히 國事를 談論하였고, 二十六歲때부터 安昌浩 李東寧氏等과 新民會를 만들어 活動한일도 있다.

三十歲 前後하여 安昌浩 李甲成氏等과 海參威로 가서 申性模 安熙濟氏等과도 사귀었으며 三十五歲때 北京으로 가서 “天鼓”라는 純漢文誌를 發行하여 우리民族性의 闡明과 우리團體의 明徵에 功獻하였다. 여기서 三一運動을 만나 여러同志와 더불어 눈부신 活動을 하였고, 한편으로 中國新聞 中華日報의 論說을 맡아 洛陽의 紙價를 울리었으니, 先生의 論說이 날때마다 街頭에서파는 中華日報의 部數는 一躍倍加되었었다.

이 中華日報에 論說을 쓸때 한逸話가 있다. 即 어느날 어떤 文句끝에 “之”字를 두字를 붙쳤는데 그것은 “之”字를 두字붙치나 한字붙치나 무방하므로 編輯員이 한字만 붙치고 한字는 떼었더니 先生은 그後 執筆을 拒絕해버렸다.

新聞社에서는 당황하여 先生께 몇번 謝過하였으나 先生은 듣지 않고 끝끝내 論說을 써주지 않았다.

이와같이 先生은 自己의 쓴글에 남이 붓을 대는것을 크게 싫여하였다.

그後 政治運動을 떠나 史學을 數年 專攻하다가 다시 東方無政府主義者聯盟에 加入하여 活動中 敵에 被捉되어 十年刑을 받고 旅順監獄에서 服役中 獄中에서 世上을 떠났다. 때는 四二六九年 陰二月二十一日이요 享年五十七이었다.

獻　　詞

（申采浩先生　遺芳을　追慕하여）

秀麗한　自然이　너무도　和靄롭고
純眞한　人性이　너무도　善良하다고
“淸風明月”　隱語로　비웃는者　누구냐
南石橋로　감도는　맑은　無心川엔들
나라를　哀痛하는　龍이　어찌　없으며
松風이　은은한　푸른　臥牛山엔들
겨레를　守護하는　범이　어찌　없으랴
아ー　學問의　뿌리　깊은　淸州땅에서
一片丹心　불태우던　丹齋의　少年時代여

學位는　이미　弱冠으로　成均博士
그　鋼鐵의　思想도　꿈은　오로지　하나
그　熱血의　文章도　노래는　오로지　하나
붓을　한번　잡으면　憂國의　鍾이　되고
史學을　論하면　春秋의　거울　밝히다

그러나　三面의　바다가　무서운　함정인양
三千里가　監獄된　亡國의　어둔　現實엔
한낱　文化의　등잔조차　켤수가　없어
시베리야　海參威로　亡命의　轉戰끝에
革命誌의　“天鼓”를　北京에　울리고
中華新聞界에　論陣을　堂堂히　펴서
우리　民族正氣를　世界에　宣揚하매
저　新羅의　崔孤雲이　唐나라　文章되어
黃巢　罪首에　秋霜같이　筆誅내리던
그　높은　名聲같이　紙價　올리다

아ー　自由獨立을　목숨　바쳐　원하며
民族의　피로　거룩한　꿈을　쓴　글월……
인제야　實現된　“朝鮮革命宣言”이
敵獄에서　이슬된　怨魂을　위로하는
스스로의　獻詞되어　꽃다움을　받기쇼서

丹齋　申采浩先生　遺影

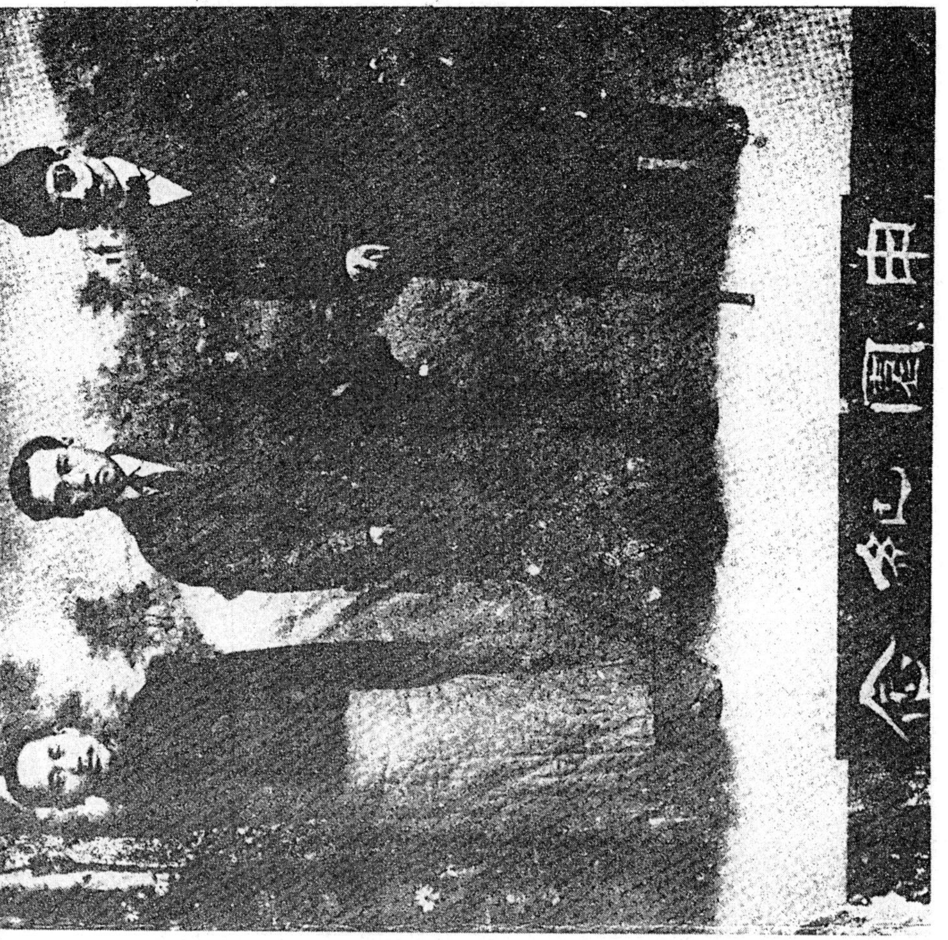

丹齋 申采浩先生篇

申園紀念

右는 左로부터 申采浩 申錫雨 申圭植 諸氏
左는 敵 公判時의 新聞記事

〔月曜日〕 四年十月七日

「日本, 印度, 中國 等
東方同志가 結托」

강령규약과 입회수속 우업다

◇聯盟의 組織內容

〔大連지국발신〕 ······ (大連地方法院)······ (大連)······ (池田)······ (小野)······ (本國)······ (三越)······ (小野)······ (池田)······

一松　金東三先生　略傳
****

李　源　赫

四二一一年(西紀一八七八年)　六月二十三日　慶北安東　川前洞에서　出生하였다. 原名을 肯植이라　하였다가　滿洲로　간後　東三이라　하였다.

漢學者로서　四二四〇年　柳寅植　金厚秉氏等과　鄕里에서　協東中學校를　創立하여　많은 우리일꾼을　養成하였고, 庚戍國恥　이르매　憤然　上京하여　南亨祐氏等과　活動하다가 國內에서는　活動이　困難함을　깨닫고, 이듬해　即　四二四四年　滿洲로　갔다. 奉天省通化縣에서　李始榮　李東寧　氏等을　만나　渡滿同胞의　安定策과　教育問題를　위하여 努力하였고, 四二四五年　柳寅植氏와더부러　通化縣에　中語學院을　設立하고　韓中兩民族의 親善을　꾀하였으며, 翌年　呂準　李沰氏等과　扶民團을　組織하여　民生　教育　軍事 運動等에　心血을　傾注하였다. 同年末에는　李沰　金昌武氏等과　靑年同志를　多數糾合하여 屯兵制로　調練코저　柳河縣境　森林地帶에　白西農場을　開設하고　三年間經營하였으며, 四 二四八年　李相龍　金衡植氏等과　韓族會를　組織하여　地方自治制로　同胞를　調練하였다.

四二五二年　三一運動이　展開되자, 國內國外各地가　呼應하여　上海에서　大韓民族代表 大會가　召集되매, 先生은　在滿同胞의　代表로　出席하였고, 同年六月에　李相龍　李沰氏 等으로　더부러　柳河縣三源浦에서　在滿韓族代表會議를　開催하여　西路軍政署를　組織하 고　先生은　參謀總長으로　活躍하였으며, 翌年　軍政署를　吉林省樺甸縣으로　옮겼다가, 先生과　李靑天氏는　그所屬軍隊를　引率하고　安圖縣에서　洪範圖軍과　合勢하여　俄領으 로　移駐　活動하였다.

四二五五年　沿海州各地와　黑龍江省等地를　巡視하여　우리光復運動의　策源地를　求하 다가, 同年七月　上海에서　大韓國民代表大會를　開催하므로　先生은　또한　在滿同胞의 代表로　參席하여　議長으로　六個月동안　在任하였다.

翌年　奉天省　興京縣에서　吳東振　玄正卿氏等과　統議府를　組織하여　總長으로　被任 되었고, 四二五七年　다시　正義府가　組織되니　委員長에　李相龍　軍事委員에　李靑天 行政委員에　先生이　就任하였으며, 또　安昌浩　梁起鐸等諸氏로　더부러　國內外의　各運動 團體를　統合하여　韓國光復運動의　總機關으로　促進會를　組織하려고　晝夜不分하였다.

四二六二年　十一月에　韓滿合作으로　國際的運動을　推進코저　吉林督軍署에　交涉하여 곧　兩側代表　各六十名으로　大會를　構成하여　吉林督軍熙洽將軍을　首班(總裁)으로　推 薦하고　先生은　議長으로　被選되었다. 同大會의　重要한　決議事項은　韓人義勇軍　二十 萬을　募集하여　中國軍隊에　編入訓練할것과　在滿同胞의　教育은　韓人自治會에서　施行 하되　中國側에서　積極援助할것을　決定하고, 또　新聞及雜誌를　刊行하여　內外에　宣布 하기로하고　그機關은　吉林省域에　두어서　兩國人으로　部署를　擔當　活動케하였다. 그 러던中　翌年　九月　滿洲事變　곧　奉天北大營을　倭軍이　强占하여　仍히　全滿洲에　戰 亂이　勃發하였다.

先生은　하는수없이　吉林省域을　떠나게되자　熙洽將軍은　先生에게　身元證을　附與하 였다. 同志　李源一氏와　함께　北滿洲로　가서　十月初에　哈爾濱　鄭寅浩의집에　投宿하 다가　翌朝에　李源一氏와　같이　倭警에게　被捉되었다.

先生은　倭警에拘禁中　始終　抗爭하였으며　新義州를거쳐　京城으로　移監되어　十年刑 을받고　八年　獄苦를　겪다가, 四二七〇年　三月三日에　六十歲를　一期로　世上을　떠나 고　말았다.

嗚乎라! 先生은　國家民族을　위하여　三十年동안　國內國外　荊棘과　沙漠에서　限없 는　苦楚를　嘗하면서도　始終如一　不撓不屈한　그　精神　그　氣魄과, 臨事에　從容寬厚 한　그態度에　熱과誠으로　一毫의　間隙이없이　最後의一刻까지　一身을　犧牲하고　만것

이다. 遺族으로는 아드님 定黙君과 容黙君이 있다.

獻　　詞
(金東三先生 遺芳을 追慕하여)

嶺南에 이름난 儒林의 學者로서
新文明의 烽火를 故鄕에 올린 先驅
빼앗긴 國號를 찾으려고 싸우다
손수 세운 學校의 愛着도 끊고
鴨綠江에 눈물 뿌린 亡命의 슬픈 決心

나라 없는 백성의 異域哀愁를 같이 울면서
알아야하는 배움의 힘을 북돋우고
싸워야 이기는 총칼을 마련케하고
일해야 자는 도끼와 괭이 들려서
곰이 뒤끓는 어둔 森林을 헐어 헤치고
白西農庄의 꽃을 곱게 피운 땀으로
韓中親善을 맺은 아름다운 열매여

西路軍政의 獨立軍을 이끌고
黑龍江 넘어쳐 潘海州로 長驅한 威風
統義府 正義府의 統率力
在滿韓人代表로 上海에 울린 志士의 令名
아— 二十萬의 義勇軍도 꿈만은 아니였건만……

庚午事變으로 정든 第二의 故鄕天地도
日帝의 鐵蹄에 짓밟힌 東洋悲劇에
할빈으로 避하여 同胞집에 숨어있다가
敵警의 교랑으로 두손의 自由를 잃고
가련매 한숨보다 가슴 더아픈
辱스러운 피눈물에 鴨綠江도 물들었으리

쓰라린 鐵窓十年은 어둔 날이 길어서
그 하나만의 光復의 꿈까지도
八個星霜의 毒患으로 恨남기고 사라지매
때는 어이 봄이 와서 三月三辰이련고
아— 이나라의 옛집을 못잊어서 찾아온
江南의 제비들도 비에 젖어 울었으리

一松　金東三先生　遺影

兩大團體의 委員長
金東三·玄益哲 終豫
新義州地方法院 公判에 廻附
◇民族唯一黨策進會와 國民府首領
宛然 ○○運動裏面史
各團의 委員長 歷任
南北滿洲에 大勢力
金東三의 活動顚末
三府統一計劃
國民府組織
【執行委員長○로活動】
◇玄益哲의 來歷
策進會 組織
執政府委員長

雲岡　梁起鐸先生　略傳
****

四二〇四年(西紀一八七一年)　四月二日　平壤小川에서　出生하여　兒名을　宜鍾이라　하였다. 後日　本籍을　平安南道　江西郡　雙龍面　新慶里에　두었다.

父親은　漢學者　梁時英氏이며　母堂은　仁同張氏였다. 幼年時부터　漢文私塾에　入學習練할새　聰俊英兒라는　稱讚이　藉藉하였다.

十五歲時　벌서　文章이　過人하던中　큰抱負를　가지고　上京하여　意外로　平北渭原에　사는　儒林의名望家이며　憂國志士인　羅鉉泰氏를　相逢하여　國事萬般을　相議하고　東學黨과　結聯도하여　京城安國洞에　居所하며　大小國事에　參與하였다.

四二二八年(西紀一八五九年)에는　美國人　奇一博士와　父親　梁時英氏와　더불어　韓英字典을　編修하고　四二三三年(西紀一九〇〇年)頃에는　日本長崎等地로　遊學하였다.

四二三八年(西紀一九〇五年)　三十五歲時　乙巳條約이　締結되매　美國人裵說을　社長으로　大韓每日申報를　發刊　主筆이되어　倭賊과　伊藤博文을　攻擊하고　排日思想을　鼓吹하니　民衆이　激發하여　興憤하고　痛哭하며　全國에　排日運動이　沸騰하였다.

四二四一年(西紀一九〇八年)에는　美國으로부터　還國한　安昌浩氏等과　新民會를　組織하고　同志를糾合하여　抗日鬪爭의　第一線에　나섰다.

四二四三年(西紀一九一〇年)八月二十九日　合倂을　宣言하자, 即時　全國各地의　愛國志士를　召集하여　서울慕華舘　自宅에서　密議한結果, 滿洲에　移民計劃을　세우고　그곳에　武官學校를　創設하여　光復戰爭에쓸　軍人을　養成하고, 國內에　各部署를두어　活動하도록　決定한後, 運動을　展開하였다.　이運動에　힘쓴　主要人物은　先生及　金九　李東寧　安泰國　朱鎭洙　金道熙　李昇薰等　諸氏였다.

四二四四年(西紀一九一一年)　一月에　被檢되어　殘忍無道한　惡刑을　當하고　保安法違反으로　二年懲役을　받았다.　服役中　다시　寺內謀殺未遂라는　百五人事件　即　尹致昊　柳東悅　安泰國　林蚩正　李昇薰氏等과　連座하여　四二四六年(西紀一九一三年)　十月　六年懲役의　言渡를받고, 四二四八年(西紀一九一五年)　二月　所謂　特典이란것으로　釋放하였는데, 有史以來　처음　보는　惡刑苦楚를　當하면서도　꾸준한　獄中鬪爭과　法廷鬪爭은　世人을　驚愕케하였다.

四二四九年(西紀一九一六年)　滿洲로　脫出하여　獨立運動을　繼續하다가　被逮되어　故國으로　押送되었다. 流配二年을　마치고　나와서　文化運動에從事　東亞日報顧問으로　있으며, 警察에檢束　數十次에　걸리면서도　四二五三年(西紀一九二〇年)　春에　統天敎라는　宗敎를　發起하여　敎理를宣布하고　表面으로는　宗敎運動을하고　內面으로는　獨立運動을　推進하였다. 四二五四年　美國觀光團　三十六名이　來朝하였을때　獨立陳情書를　提出하고　投獄되었다가, 慈堂別世로　假出獄되였던바　그길로　다시　滿洲로　脫出하여　片康烈氏와　더불어　奉天省懷德縣王家子에서　義成團을　組織하고　國內의　敵重要人物　施設等을　襲殺破壞하도록　指揮하였다. 吳東振　金東三氏等으로　光復軍總營　軍政署　統軍府　韓僑民團等을　統合하여　統義府로　發足케하였다.

四二五六年(西紀一九二三年)에는　다시　李靑天　金東三氏等과　統義府　吉林住民會　義成團等　南北滿洲에　散在한　數十獨立運動團體를　統合하여　正義府를　組織하고　義勇軍을　國內에　派遣하여　敵을攻擊케　하였다.

四二五九年(西紀一九二六年)에는　또한　高麗革命黨을　組織하여　그指導的役割을　하다가　四二六三年頃　天津　北京으로갔어　猛活動을하였다 다시　上海로가서　各界의　代表的同志들로　光復의　大事를　圖謀하여　臨時政府의　國務領으로　或은　主席으로　推戴되었으나　辭退하고, 各黨　各派를　統合하여　對日戰線　統一에　努力하였다. 그後　瀋陽縣古堂菴에서　仙道를　工夫　하다가　四二七一年(西紀一九三八年)　四月二十日　六十八歲에　別世하였다.

獻　　詞

（梁起鐸先生　遺芳을　追慕하여.）

十五歲에　關西의　少年文章
靑雲에　불타는　뜻을　품고　故鄕을　떠나
憂國志士와　東學黨을　사긘　早達의　寵兒
그　어린　어깨에　長安의　바람이　나고
그　귀여운　발에　萬丈의　紅塵이　일다

語學의　天才는　韓英字典을　꾸며　빛났고
好學의　情熱은　日本遊學으로　敵情을　알고
韓末의　우리新聞　大韓每日申報로
排日思想에　불을　질르다

四二四三年　國恥宣告로　山河가　敵領되매
滿洲移民으로　第二의　自由鄕을　꾀하고
光復軍을　길러서　獨立戰爭을　準備하며
內外舞臺에서　눈부신　싸움　끝에　二年刑
寺內撲殺의　百五人事件으로　다시　六年刑
그리고　表面의　文化運動으로　꾸준한　鬪爭
統天敎의　裏面에　숨어　不撓의　鬪爭
義成團　統義府　正義府에서
國內로　密派한　義士들의　壯烈한　直接行動

그러나　臨時政府의　主席도　辭退하고
오직　大義에만　捨身하는　謙讓의　德！
그리고　거룩한　하나의　目的앞에서
派閥의　分爭을　가장　슬퍼하고
民族統一戰線에만　애태운　人和의　德！

어려서부터　光復의　悲願과　熱禱
붓으로　힘으로　敵과　싸우고
사랑과　德으로　산　一介의　老兵이여
水火中에도　淡淡한　그　風流氣象이
저　新羅의　國仙을　그리워　하였던고
萬古의　松風이　시원한　古堂菴에서
悠悠히　仙道로　入寂한　心境이여

雰岡　梁起鐸先生　遺影

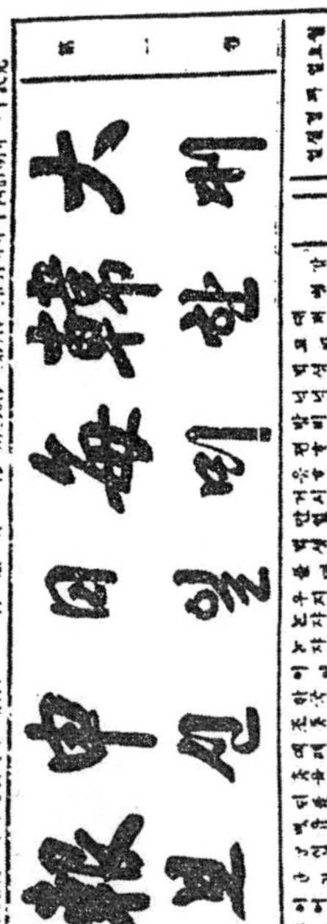

上左는 梁起鐸先生이 日本亡命時代에
左의 冠쓴분이 先生이 主宰하던
大韓每日新報

石吾 李東寧先生 略傳
****

四二〇二年(西紀一八六九年) 忠南木川郡(現天安郡)에서 誕生하였다.

三十六歲때부터 倭敵의毒手에 國運이 기울어짐을 보고 憤然 蹶起하여 여러同志들과함께 救國運動을 積極展開하였다. 그러나 四二三八年(西紀一九〇五年) 即 乙巳年에 이 나라의 賣國奴와 倭敵의손에 所謂 保護條約이 成立되어 國家의運命이 悲慘하게도 決定되었다.

先生은 光復運動의 遠大한 抱負를 實現함에는 國內에서는 점점 어려워져감을 깨닫고, 李相卨 鄭淳萬氏等과 上海 俄領等地를 거쳐서 北間島 龍井村에 瑞甸義塾을 設置하고 우선 우리靑少年의 敎育에 盡力하였다.

四二四〇年(西紀一九〇七年) 李相卨 李儁氏等이 和蘭 萬國平和會議에 密使로 가게되매, 先生은 歸國하여 安昌浩 李會榮 金九 李東輝 梁起鐸等諸氏와 더불어 新生會를 組織하고 國內國外로 倭를 攻擊하였다.

三年後 다시 李石榮 李會榮氏等과 함께 家族을 비리고 西間島로 가서 我 國外軍事學校의 嚆矢로 新興學校를 創立하고 피끓는 靑年들에게 軍事敎育을 시켜 우리 獨立軍의 基幹으로 하였다.

四二四六年(西紀一九一三年) 南滿으로 옮겨가서 三年間 모든 苦難을 겪어가며 各地에서 모여든 靑年同志들을 비리고 極力活動하였으나, 當時의 情勢가 한地域의 運動만으로는 所期의目的을 達成하지 못할것을 깨달은 先生은 여러同志와 協議한結果 指導的力量을가진 同志들이 各各 地域을 分擔하기로하고 李始榮氏는 奉天으로, 李會榮氏는 國內로, 先生은 海蔘威로 갔다. 거기서 李相卨氏와같이 六年間 文字그대로 晝夜奮鬪하였고, 또 李相卨 李東輝氏等과 勸業會를 創設하여 우리獨立運動의 事業機關으로 하였다.

그리고 大倧敎에 入敎하여 祖國의 固有精神을 信奉하며, 靑年의 指導와 同志들의 志操練磨에 힘썼다.

四二五二年(西紀一九一九年) 三一運動이 일어나자 國內國外의 各地에서 우리獨立鬪士들이 上海로 集中될때, 先生로 上海로가서 여러 同志들과함께 臨時政府樹立에 參劃하여 臨時議政院議長에 被選되고 그해가을에 臨時政府를 改組하매 內務總長에 被任되어 四年間 服務하였고 그後 總理에 就任하여 一年間 在任하였다.

四二六〇年(西紀一九二七年) 國務委員에 被選되어 主席을兼하고 七年間 계속 在任하였다. 또 그後 여러同志와 韓國獨立黨을 組織하고 奮鬪努力하여 우리獨立運動의 正統을삼고 該黨의 理事長이 되었다.

四二六六年(西紀一九三三年)서부터 三年間은 專摘으로 因하여 臨時政府의 任을辭하고 休養하던중 우리獨立運動界에 怪波紋이 일어나서 그波紋이 臨時政府의 本體에까지 미치게되매, 老同志들과 다시 蹶起하여 國務委員에 被選되었다.

四二七〇年(西紀一九三七年) 倭敵의 中國侵略이 시작되어 上海와南京 廣東 其外要地가 연이어 陷落되매, 先生은 우리臨時政府와 및 要人들과함께 中國各地를 轉轉하면서 惡戰苦鬪하다가 四二七三年(西紀一九四〇年) 三月十三日 急性肺炎으로 逝去하니 享年이 七十二였다.

臨時政府에서 國葬을 擧行하고 遺骸는 그곳에 埋葬되었다가 解放과 함께 祖國에 돌아와서 奉安되었다. 遺族으로는 아드님 義植氏가 있다.

獻　詞

（李東寧先生　遺芳을　追慕하여）

허약해진　李朝의　병든　末葉이
기우는　저녁해에　시들어　갈제
日帝侵略의　暴風이　휘불어　와서
아―　임들의　몸부둥치며　싸운　보람이
나라를　팔고　사는　乙巳野合에　怨恨이　깊어

앞날의　기쁨을　기약하는　壯한　그　뜻이
뒷머리　끌리는　哀愁를　뿌리치고
눈　덮인　北間島로　가시던　군은　맹세여
瑞典學塾을　열어　젊은　戰士들　指導하고
萬國會議密使의　李儁先生과　손을　中外로
또다시　新民會의　旗꽂고　惡戰苦鬪！

그러나　國內空氣에　가슴이　답답
亡命의　自由가　바람처럼　그리워서
西間島　新興學校로　獨立軍을　創設하고
南滿에　三年遊說　海蔘威에　六年奪鬪
마침내　檀君神流의　悠久한　民族信仰
大倧敎에　歸依하여　生死를　超越立命！

어느덧　海外志士들의　星雲이　모이어서
臨時政府의　星座를　이룬　上海時代에
議長　總理　主席을　十餘年　歷任하고
또다시　獨立黨의　正統을　세운　功業이여

또　記憶　새로운　中日戰爭　총불에
上海가　타고　南京이　빠지고　물리는　판에
亡命의　天地조차　좁아지던　流轉이여
아―　하늘이　六年의　壽만　빌리었더면
七十二年間　싸워서　願한　祖國의　獨立
그　自由의　날을　정녕　보실걸
戰火의　異土에서　가신　客魂이여
解放뒤의　無言凱旋으로　瞑目하소서！

石吾 李東寧先生 遺影

中日戰爭 총불을 避하여 轉轉할때 박힌것. (1)은 李東寧 (2)는 金九 (3)은 嚴恒燮 諸氏.

白山　安熙濟先生　略傳
****

先生의　諱는　熙濟요　號는　白山이다.

四二一八年(西紀一八八五年)　慶南　宜寧郡　富林面　立山里에서　誕生하였다.

스물한살때　서울　普成專門學校에　入學하였다가　이듬해봄에　養正義塾　經濟科로　轉學하여　스물네살에　卒業하였다.　養正義塾을　나오자　先生은　우선　敎育에　뜻을　두고　嶺南各地를　遊說하며　여러學校를　設立케　하였는데,　그　중에서도　東萊의　龜明學校와　宜寧의　宜新　新南等學校는　전혀　先生의　힘으로　創立된　것이다.

四二四二年(西紀一九〇九年)에는　龜明學校의　校長이　되어　二年間　親히　薰陶에　힘썼다.

이와같이　배움에주린　우리靑少年에게　배움의자리를　만들어　주고는　四二四四年(西紀一九一一年)　다시　뜻을세우고　北間島와　沿海州를　거쳐　俄京等地를　三年間　巡歷하면서　여러　獨立鬪士와　憂國志士들과　깊이　사귀었다.

그後　釜山에　돌아와서　白山商會라는　貿易商會를　내었다.　이商會는　當時　全國的으로　처음보는　大規模의　事業體였는데　外面으로는　貿易을　標榜하였으나　其實　內面은　國內國外　愛國志士를　網羅한　抗日運動의　連絡機關이었다.

外面　大規模의　貿易商인만큼　倭놈의　天地인　釜山에서도　先生을　釜山商業會議所의　副會頭와　釜山商業學校의　理事로도　歷任하였다.

그러다가　서울로와서　中外日報社社長이되어　總督政治에　痛烈한　筆鋒을　보내었다.　四二六六年(西紀一九三三年)　마흔아홉살에　再次　渡滿하여　渤海의古都인　寧安縣東京城에서　渤海農場을　開設하였다.

이것은　封建的　營農制度로　苛酷하게도　搾取하는　中國地主로부터　우리貧農을　救出하자는　愛族心의　表徵인것은　勿論이다.

그리고　渤海學校의　校長이되어　異域에서　갈바를　모르는　우리靑少年의　育英에　盡瘁하였다.

四二四四年(西紀一九一一年)　十月三日　檀君께서　開天하신　이날을　期하여　大倧敎를　信奉하게　되었다.　卽　先生이　처음　北間島로　갔을때부터　大倧敎를　信奉한것이다.

그리하여　四二六八年　正月十五日에　參敎로　그後　知敎로　陞秩되어　經議院副院長으로　在任하였으며　四二七四年　正月十五日에　尙敎로　陞秩되어　總本司典講으로　轉任하였고　또　敎籍刊行會長으로　二年間　盡力하였으며　四二七五年　十月에　天殿建築籌備會　總務部長이　되었었다.

先生은　이와같이　檀君님을　받들고　아시아東北一帶에서　民俗的　信仰으로　發源되어　有史以來　半萬年에　流傳되는　固有神敎인　大倧敎를　通하여　우리民族精神을　堅固히하고　이것으로　抗日鬪爭의　根幹을　삼으려고　晝夜　活動하던중　四二七五年　十一月十九日　不幸히도　倭警에게　被檢되었다.　牡丹江警務處에서　被檢된지　九個月만인　그이듬해　七月末에　因病保釋되어　그後　不過　며칠만인　四二七六年(西紀一九四三年)　八月三日에　牡丹江醫院에서　世上을　떠났다.

때에　享壽　五十九였다.

獻　詞

（安熙濟先生　遺芳을　追慕하여）

"나라와　함께　希望잃은　겨레여
슬기에　어둔　가슴　내손으로　헤치고
마음의　窓을　활짝　열고　배우라！"
啓明學校의　터를　다지고　부르며
宜新學校의　주춧돌　놓고　외치면
길　찾는　젊은이들　구름지어　모여들고

北間島로　沿海州로　俄京까지도
獨立志士들과　손잡는　즐거움에　찾았고
釜山港에　돌아와서　시작한　白山商會도
큼직한　看板에는　表面으론　貿易商
秘密로는　內外抗日의　連絡機關이었고
또다시　異域에　주린　同胞를　못잊어서
渤海의　古都에서　先祖의　雄圖를　사모하며
農場의　꽃을　피우고　學園의　燈을　밝히다

"나라와　함께　希望잃은　겨레여
現實에　헤매는　迷路를　버리고
檀君님의　門을　두드리고　믿으라！"
거룩한　開天節에　啓示를　받고
法悅을　참지　못해　부르짖은　純情과
그길로　大倧敎에　바친　빛나는　貢献이여
그　半萬年의　피로　이은　最古의　信仰
倍達精神의　源泉을　새롭게　길러서
抗日光復의　悲願을　武裝한　鬪爭이여

아－　그러나　故國하늘에는　때가　오지　않았고
異域땅에는　運이　얼음장에　얼어서
四二七五年의　牡丹江의　겨울날이여
새벽녘　잠자리를　구두발로　짓밟히고……
九個月의　拷問으로　다죽은　몸을
쓸쓸한　病院寢臺에　옮기우자　마자
石炭酸水의　냄새도　모르고　그냥　가시다

白山　安熙濟先生　遺影

桓山 李允宰先生 略傳
****

四二二五年(西紀一八九二年) 慶南 金海에서 났다.

어려서부터 글 배우기를 즐기고, 자라매 祖國光復을 위하여 一生을 바칠것을 決心하고, 靑年들을 敎育하기에 갖은 精誠을 다하였다.

四二五二年 一次世界大戰이 끝나고 民族自決의 思想이 世界에 물결칠 때, 우리 民族도 日帝의 壓迫을 벗고자 獨立을 부르짖게 되니, 先生도 勇敢히 나서서 여러가지로 活動하다가 日憲兵에게 잡히여 平壤監獄에서 三年間 懲役살이를 하였다.

그後에 큰뜻을 품고 中國 北京大學에 가서 三年間 史學을 硏究하고 돌아와 다시 敎員生活을하며 힘있는 活動을 펴하였다.

先生은 우선 文化運動을 通하여 民族의 實力을 기름으로 目的을 삼고, 朝鮮語學會의 여러同志와 함께 조선말 辭典의 編纂을 시작하였다.

그리고 國語統一을 위하여 親히 붓을들어 原稿를 整理하며, 또는 印刷所로 다니며 活字改正을 宣傳하며, 或은 一般出版物의 맞춤법을 校正하여 주며, 或은 地方에 다니며 講習會를 열고 가르치며, 한글맞춤법 統一案 作成委員으로, 朝鮮語 標準말 査定委員으로 밤낮을 이어 힘썼다.

한편 朝鮮歷史의 硏究와 그 振興을 위하여 여러同志와 함께 震檀學會를 일으키고, 朝鮮文化의 發展과 生活改革을 위하여 朝鮮 記念圖書館을 여러同志와 함께 創立하고 또한 興士團에 加入하여 靑年의 精神的團結과 民族性改造의 運動을하고 基督敎長老로 民族品性 向上의運動을 눈부시게 하였다.

그리고 한때는 朝鮮語學會 硏究雜誌 “한글”의 出版費가 없어서 發行하지 못하게 되매, 어려운살림에 自身의 주머니돈을 털어내고, 또는 “文藝讀本”을 지어 版權을팔아서 “한글”을 發行하였다.

이와같이 公을 위하여는 私를 돌보지 아니하고, 내것도 깨끗하게 바치며 民族을 위한일이요, 나라에 有益한일이라면 어떻한 手苦나 어려움을 介意하지 아니하였다.

그리고 또 四二七〇年 興士團事件으로 二年間 獄中에들게 되었고, 日帝官憲은 先生을 다시는 모든 學校에 못나가게 禁止하였으나, 조금도 굽히지 아니하였다.

그리고 또 四二七五年 朝鮮語學會事件으로 朝鮮語辭典 編纂會 幹部와 朝鮮語學會 幹部 朝鮮民族의 指導者로 이름난이들 四十餘名과 같이 咸南 洪原警察署에 檢擧되어 갖은 惡刑과 侮辱을 당하고, 咸興監獄으로 넘어가서 同志들과 함께 二年間 苦生하다가 마침내 四二七六年 十二月八日 獄中에서 哀痛하게도 이 世上을 끝마치고 말았다. 때에 享壽 五十三이였다.

獻　詞

(李允宰先生　遺芳을　追慕하여)

가 람　이 병 기

홍원 함흥 옥에 몸을 던졌던 사십동지
해방을 전후하여 다 놓여 나왔으되
목숨을 버리신이는 환산 효창 두분이다

사는 그 동안이 거의 지옥살어했다
부귀를 하고 뽑낸이모 많게마는
죽어서 임과 같은이 몇몇이나 되는가!

모든 카망눈을 한글로 밝히시고
다만 우리 겨레와 나라를 위하여
타고난 힘과 정성을 다할대로 다하였다

桓山　李允宰先生　遺影

四二六八年 朝鮮
語標準語査定委員
會 開催時의 記
念撮影. (1)李允宰
(3)安在鴻 (6)崔鉉
培 (2)韓澄 (5)李
熙昇 (4) 李淑鍾
等諸氏.

"祖山 李允宰先生篇"

曉蒼　韓澄先生　略傳
****

四二二〇年(西紀一八八七年)　二月二十四日　서울　南部　竹洞에서　나다.

仁慈安詳한　바랑에　聰明이　또한　뛰어나서　十五歲에　四書三經에　精通하고, 이어서　國文學을　專攻하다.

四二五五年부터　四二六二年까지　時代日報　中外日報　朝鮮日報의　編輯에　從事하고, 日帝　强壓政治에　痛烈한　筆鋒을　보내다.

四二六三年부터　四二六五年까지　朝鮮語學會　辭典　編纂에　從事하고　標準말　査定委員이　되다.

四二六六年부터　四二六八年까지　中央日報의　編輯에　從事하고, 또　李允宰氏로　더불어　朝鮮語辭典을　校正하다.

四二六九年　四月부터　朝鮮語學會　辭典編纂에　專力하다.

四二七五年　十月一日　朝鮮語學會　事件으로　李允宰氏等　四十餘名과　함께　咸南　洪原警察署에　拘禁되어　갖은　拷問을　받고, 四二七六年　九月十三日　咸興刑務所에　移監되다.

거기서도　갖은　酷刑을　받았으나　屈하지않고, 드디어　翌年　四二七七年　二月二十二日　五十八歲를一期로　慘酷히　獄死하다.

遺族으로는　아드님　起英氏　武英氏　따님　百英孃等이　있다.

獻　　詞

(韓澄先生　遺芳을　追慕하여)

鄭　烈　謹

자상도　하려니와　다정도　하시더니
원체　몸이　약하오신　탓이던가
뜻밖에　가셨으니　남은　한을　어이리.

그몹쓸　이하라놈　독한　매를
약하신　몸에　사뭇　맞고서
짚불　꺼지듯　하신　임을　못내　설어.

눈으란　감으소서, 품은　한은　푸웁소서
나라도　해방, 이하라도　맞아　죽은것
영혼이　있다하면　임도　아마　아오실듯.

曉蒼　韓澄先生　遺影

韓澄先生　筆蹟
조선말큰사전의
原稿

독립혈사

인쇄일: 2025년 7월 15일
발행일: 2025년 7월 31일
지은이: 대한문화정보사
발행인: 윤영수
발행처: 한국학자료원
서울시 구로구 개봉본동 170-30
전화: 02-3159-8050   팩스: 02-3159-8051
문의: 010-4799-9729
등록번호: 제312-1999-074호

잘못된 책은 교환해 드립니다.

정가   350,000원